DAILY LIFE IN ANCIENT
CHINA

古代中国人的日常生活

倪方六 著

贵州出版集团
贵州人民出版社

打造銅器

紅錄細斜紋鍍鑼

序

本书其实不用写序,也不需要导读的,打开目录后就知道这是一本什么样的书,是否适合自己阅读。

不过,编辑两次问我写序的事,觉得还是应该在书前写几句话,交代一下吧。

序要怎么写呢?我思考了好一阵子。

因为这本书与我以前的书不一样。全书没有一个主题是长篇大论,不见缜密叙事,有的只是历史的碎片,或者说片段历史,杂七杂八的。

打开笔记本,正要敲击键盘时,转头看到书桌角上有一块月饼。这本是留给孙子大想、二想的,可他们一直没有来,索性我自己吃掉吧,免得过期浪费。

吃了这块月饼,我忽然就知道该怎么写这本书的序了。

月饼很小,只有60克,与小时候吃的包裹着一层又一层面皮、半斤重的五仁月饼相比实在是太小了。它不只块头小,味道也变了,是"海盐芝士"月饼,咸口的,这几年颇为流行。放在过去,月饼全是甜的,最多有苏式与广式的区别。那时候如果有人说月饼是咸的,肯定会被认为脑子不正常。

把月饼做大,那是物资匮乏时的选择。当年如果中秋送礼送麻雀蛋大的月饼,会被人家看不起的,也不够诚心。现在呢,完全不再是那么回事儿了。对于甜食,家长会担心小孩吃多了影响智力发育;年轻人都讲究身材,担心热量太高;上了点儿年纪的则要防"三高",要少脂少糖。不同口味的"小月饼"便受到了欢迎,成为消费时尚。

现在人们的阅读口味也变了。

看书习惯和求知路径也与以前不太一样,所谓的"轻阅读"成为流行。如同品尝月饼一样,已不再需要那么一大块,有一点儿就好。

写作,得适应之。

本书写作追求的就是"小月饼",篇幅不长,故事不大,文字尽量简单,可以看成是"小历史",是"微头条"。

读者翻开书后,看到的都是小细节、小谜团、小故事、小习惯、小幽默……是古人和过去的方方面面、点点滴滴,甚至是一句话、一个字。

我没有大历史作家的气概和野心,就是想把过去的一些亮点、痛点、趣点、节点挑出来,写成正餐开始前的甜点式文字,让处于紧张生活状态和快节奏工作氛围中的移动时代读者觉得好玩、有趣,在轻快感中了解和接受中国人的过去,储备点文化知识。

书中内容都是从我的"中国人生活史"系列研究和写作规划中挑选出来的。

我曾在《北京晚报·五色土》副刊上开设独家历史专栏"一方钩沉",前前后后、头头尾尾算起来写了长达八年,这在国内副刊上也算是一项个人专栏写作纪录吧。这八年耗磨了我宝贵的研究和写作黄金期,开专栏时我40多岁,结束专栏时已50多岁。

但有失必有得。这专栏也让我把中国人的历史和中国人的生活,完完全全、认认真真地梳理和思考了一遍,做足了功课。这又是极其难得的。如果不是这个专栏,我是不可能一头钻进历史的书堆,翻开一本本落满灰尘的古人笔记的。

近八年来,我在《北京晚报》上每周写一篇,每篇占一版。除报社原因外,我从没有停过笔,由此积累了大量文稿,形成了正在整理和补充写作中的"中国人生活史"系列。

所以写这本"小书",我是信手拈来的,毫不费力,轻松、愉快。

小书之"小"反映在表述方式和内容选择上。

小者"微"也。全书没有大背景、专题史的逻辑性和系统架构,不做深入论述,都是微小的"点"上的东西,尽量不做"面"上的发挥,就是把历史和现代考古发现的碎片掇弄到一起。

小者"短"也。每篇每条的文字都不长，短则百字，长者千余。这是本书的特点，也是时下流行的微头条、微博等网络写作的特点。

小者"精"也。"精"是我的写作目标和选稿要求。书中内容到底是不是精华，只能由读者来说了，我是不敢说的。精华都是浓缩的，但小东西未必都是精华。

别以为这样的内容是好写的，本书曾四易其稿，编辑也换了四个。写作上是不能糊弄的，出版社也非常认真，反反复复，光是全书的结构就讨论了多次，只为这本书能"拿得出手"，成为精品。

还要告诉读者的是，本书写作之初就是从应邀写微头条开始的。

虽然书中的绝大部分内容并没有发过微头条，但是如果不是写微头条，如果不是受到微头条的启发，应该就不会有这本书了。所以，这本书也是今日头条这个阅读平台的产物，原本是请张一鸣先生作序的，后因故作罢。

还是要感谢今日头条！

可以说，今日头条改变了中文内容生产方式和写作圈生态，也改变了我个人的写作风格与叙事手法。

"微头条式"写作，给了我一种全新的写作体验，也希望读者满意！

倪方六/南京郁金里

2024年10月23日

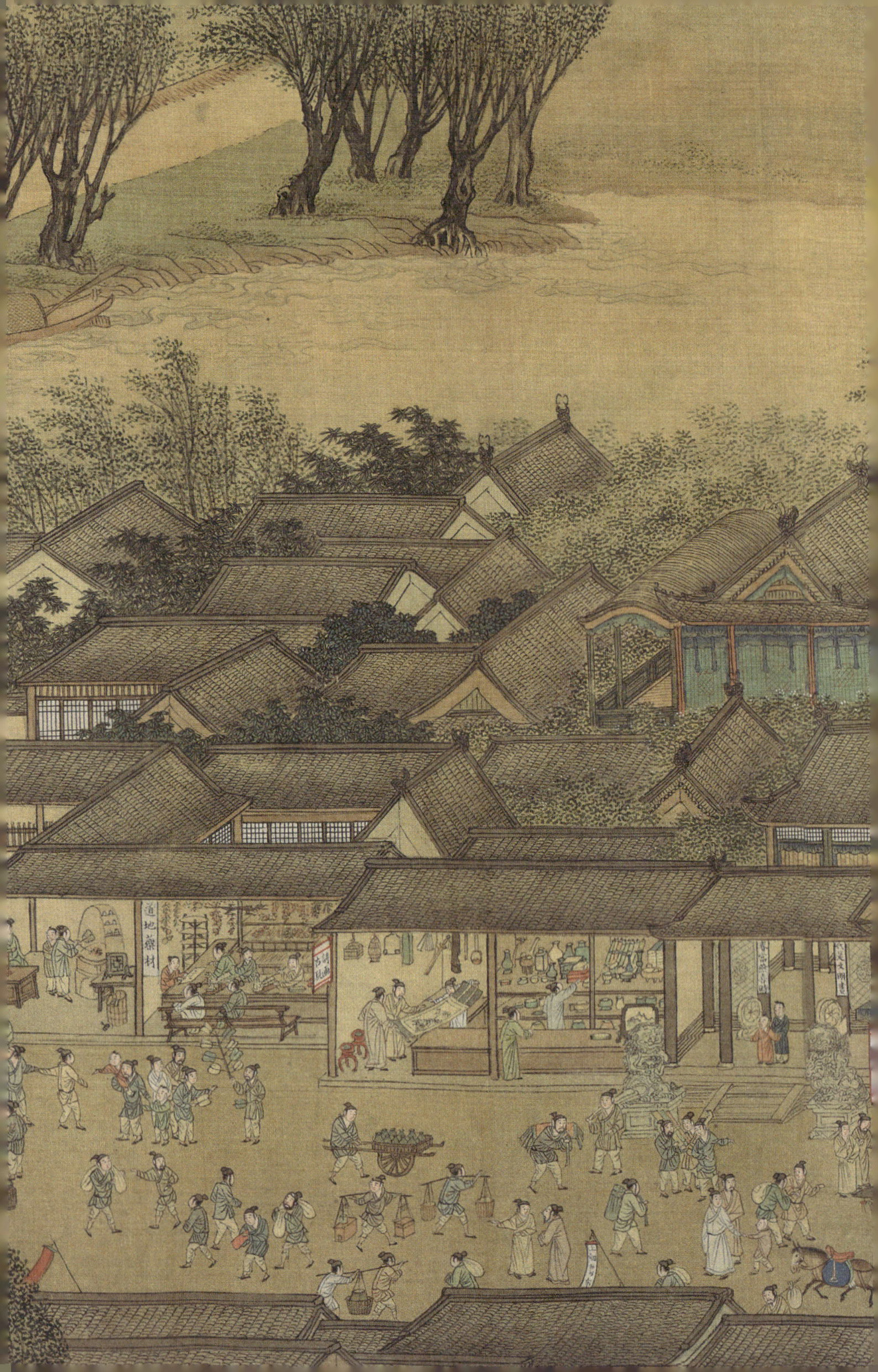
道地藥材

武陵喜讌

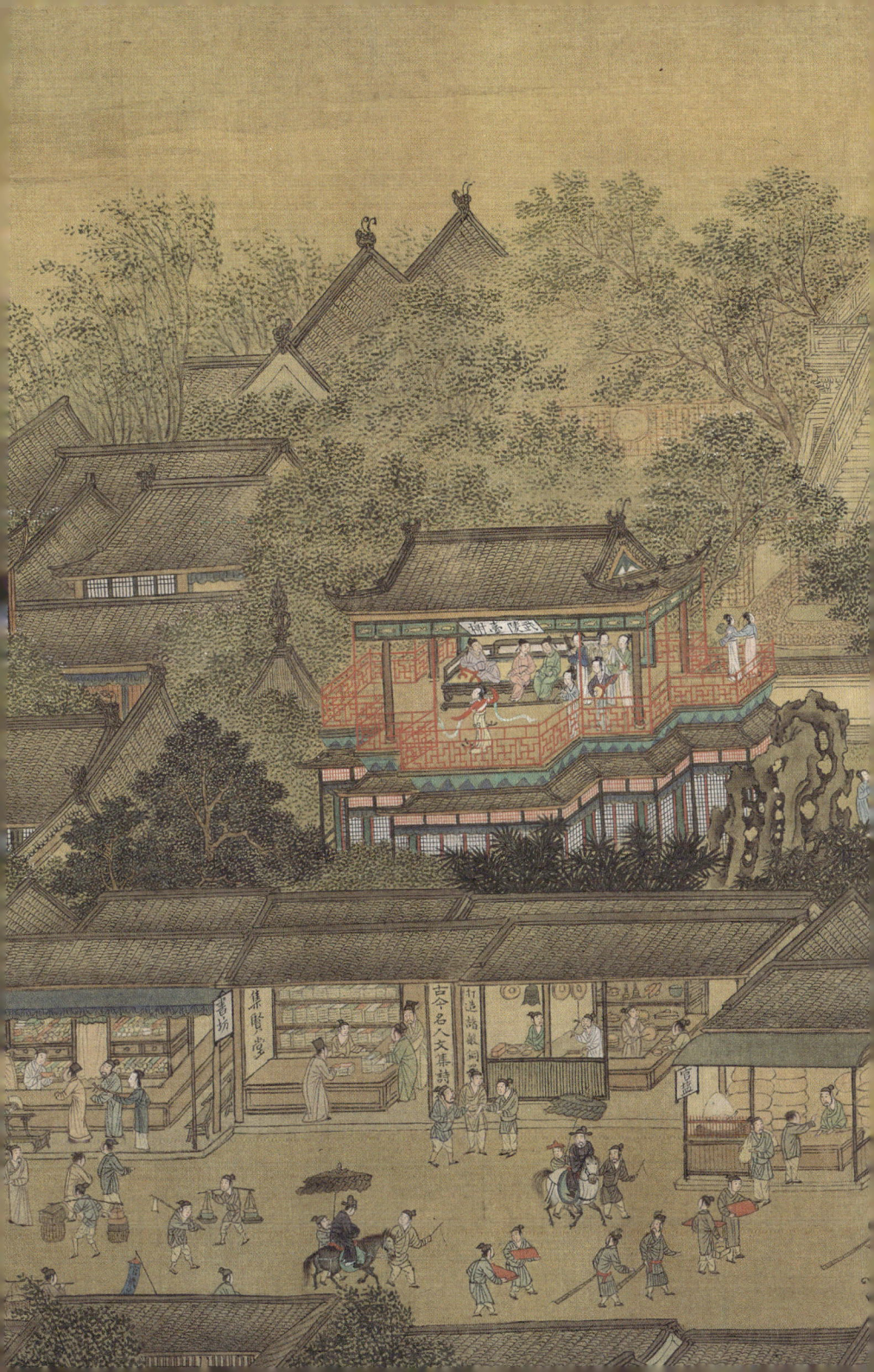

集賢堂
書坊
古今名人文集詩
新選詩歌詞

目录
CONTENTS

元月

四季伊始万物春生：古时候的繁华节庆

◆ 本月节气——立春

● 正月，春节与古代的岁首——4
● 传统年画《年年有余》中的『鱼』是什么鱼——6
● 古人过年时为什么喜欢蒸制食物——7
● 古人过年时第一吉祥菜——8
● 古代新年讲究吃猪蹄——11

二月

柴米油盐酱醋茶：古代人的饮食风气

◆ 本月节气——雨水

● 古人如何吃元宵——14
● 古人元宵节才是真的『人约黄昏后，正是看灯时』——16
● 古人哪里的灯会最热闹、最有名——17
● 古人新年如何迎财神——19
● 古代民间正月要『送穷神』——20
● 立春时间与民间婚嫁喜好——22

◆ 本月节气——惊蛰

● 古人怎么吃烤肉——28

◆ 本月节气——春分

● 古代用筷礼仪和九大忌讳——38
● 古人饭桌座位顺序的门道——39
● 古人年家宴的敬酒风俗——42
● 中国最早的三个『西瓜』——43
● 古代也有『进口水果』——44
● 馒头最早不叫『馒头』——32
● 饺子：古代的『水点心』——34
● 古代中国哪里的猪肉最好吃——30
● 中国人从什么时候开始喜欢喝粥的——32

三月

冠者春服咏而归：古代人的衣饰时尚

◆ 本月节气——清明

● 古人热天怎么穿——50
● 早期中国人并不穿裤子——52
● 古代各朝女性怎么穿裙子——53
● 古人衣袖里的秘密——54
● 古代中国女性爱用什么包包——55
● 古代中国男性比女性更爱包——58
● 古人穿鞋为何不分左右脚——60

◆ 本月节气——谷雨

四月

一钩初月临妆镜：
古代人的休沐卫浴

◆ 本月节气——立夏

- 古代人对付风沙、雾霾也有妙招——六四
- 古人帽子的『政治色彩』——六六
- 古人穿皮衣的讲究——六八
- 古人雨天外出真的穿蓑衣吗——六九
- 古人为什么随身带梳子——七一
- 古代的休假与『黄金周』——七八
- 假期最多的唐朝人放假爱去哪儿玩——七九
- 古代人怎么洗澡——八〇
- 古人用什么洗头、洗脸——八二

五月

万户红墙千门碧瓦：

◆ 本月节气——小满

- 古人的枕头与凉枕——八六
- 古人的床与凉床——八八
- 古人的公共厕所——八八
- 古代的豪华厕所——九〇

六月

古时候的宫廷秘闻

◆ 本月节气——芒种

- 明神宗的『懒』与雍正皇帝的『勤』——九六
- 皇帝吃饭『摆谱』——九八
- 后宫嫔妃的『化妆费』——一〇〇
- 皇家为什么喜欢用『银饭碗』——一〇〇
- 皇帝的后妃怎么看病——一〇四
- 史上最狠宫斗是哪出——一〇六
- 妃子是怎么选出来的——一〇七
- 本月节气——夏至——一〇九

朝趋官府暮论妻妾：
古代人的婚嫁习俗

◆ 本月节气——小暑

- 『四柱八字』在古代婚姻中的意义——一一四
- 新婚夫妻为什么要喝交杯酒——一一六
- 古人喝喜酒的『随礼』——一一八
- 古代婚宴上为什么要闹宴——一二〇
- 本月节气——大暑
- 古代女子到底多大出嫁——一二四

七月
燎沉香消溽暑：古时候的人间冷暖

◆ 本月节气——立秋

- 古代也有『空调间』——136
- 唐朝已使用外国制冷技术避暑——137
- 古人大热天的聚会——139
- 古代的扇子可不仅仅是纳凉用的——142

- 古代结婚为何一定要有媒人——125
- 古代订婚后男女都会瞒着对方做一件事——129
- 女人的发式与婚姻风俗——130

八月
青铜剑气冲牛斗：古代人的创造与物质文明

◆ 本月节气——处暑

- 古人判断和预测温度的手段——146
- 古代贵族家庭的冬用『温室』——147
- 秦朝已经有壁炉了——149
- 古代公务员的『取暖费』——150

九月
早卧早起与鸡俱兴：古代人的生活秩序

◆ 本月节气——寒露

- 古代最会睡的人能睡多久——186
- 古人走路的讲究——188
- 古人走路靠右还是靠左——190
- 古人出行的讲究——191

◆ 本月节气——秋分

- 古代的『保温锅』——170
- 古代的高科技灯具——172
- 『天下第一剑』到底是哪一把——174
- 『金缕玉衣』到底多值钱——177
- 中国旅游标志的原型到底是什么——178
- 中国文博界尚无定论的『鸟』东西——180

◆ 本月节气——白露

- 中国古代的航天神器——156
- 美国人都崇拜的明朝『马斯克』——157
- 古代海上卫星定位系统——牵星术——161
- 古代中国的战舰与『航母』——162
- 原始计算器与秦始皇的『算袋』——164
- 古人如何确定『一斤』多重——166

- 本月节气——霜降
- 古代路上会查『身份证』吗——196
- 唐朝人的『郊游热』——196
- 古代的『共享交通工具』——198
- 古代公务用车的标准——200

十月

杏林春满桃李不言：
古时候的医疗与教育

- 本月节气——立冬
- 古代的『看病』风俗——206
- 古代的『进口特效药』——208
- 古代如何避免『医患纠纷』——209
- 古代的『就医难』——211

十一月

- 本月节气——小雪
- 古代小学一般何时开学——216
- 古代的快慢班——217
- 古代学校也有『学规』——218
- 古代学子为什么喜欢上职校——220

没有规矩不成方圆：

古时候的司法例律

- 本月节气——大雪
- 古代考场作弊的后果——226
- 古代在街上乱倒垃圾的后果——226
- 明清对小偷的可怕惩处手段——228
- 古代卖『注水肉』被抓到怎么办——230

- 本月节气——冬至
- 古代也有水源保护法——234
- 古代对偷税漏税怎么罚——235
- 古代的『免死牌』真能免死吗——236
- 古代送『快递』有什么规定——237
- 古代公务员的考勤纪律——239
- 古代办错案『同职公坐』——241

十二月

歌台暖响舞殿冷袖：
古代人的职场游戏

- 本月节气——小寒
- 古代进重要场所也要进行『安检』——246
- 古代谁规定60岁退休的——248
- 古代的『延迟退休』——250
- 古人的退休待遇如何——251

- 古代『官民比』与鼓励退休政策——二五三
- ◆ 本月节气——大寒
- 第一位收出场费的古代人是谁——二五六
- 古代的『炒作』——二五七
- 古代的『女星代言』与『促销小姐』——二五九
- 古代写『商业软文』的高手——二六〇
- 杜甫是怎么成为『有房族』的——二六二
- 后记——二六七

元 月

四季伊始
万物复苏

古时候
的繁华节庆

DAILY LIFE
IN ANCIENT CHINA

二

立春

> 始至 于此而春木之气

本月节气

立春是二十四节气首节，也是春季的第一个节气。

此时，地球绕太阳公转轨道至黄经315°，一般在每年的阳历2月3日至5日交节。其在传统阴历上的位序并不固定，与正月的开始也不同步。

二十四节气是古人依据"斗转星移"规律制定的，立春时"斗指艮（东北）"。

为什么叫立春？《说文解字》称："立，侸也。"侸古同"树"，引申为站立，意思是到了"春"这一站了。

这意思就相当明显了，立春就是指一年四季中的春季到来了。故《月令七十二候集解》称："立春，正月节。立，建始也，五行之气，往者过，来者续。于此而春木之气始至，故谓之立也，立夏秋冬同。"

古人将每个节气的十五日等分为三段，五日为"候"。第一个五日为一候，第二个五日为二候，第三个五日为三候。这样整个二十四节气中共有七十二个气候点，所谓"七十二候"就是这么来的。

立春三候：一候东风解冻，二候蛰虫始振，三候鱼陟负冰。意思是，立春后东风送暖，大地开始解冻了；蛰居的虫类慢慢在洞中苏醒；河里的冰开始融化，鱼在冰面下游动了。

東風解凍 淮南子注東方木火母也氣溫故東風解冰凍也正月中氣之時

蟄蟲始振 孔穎達疏蟄蟲得陽氣初始振動至

魚陟負冰 廣義注對二月故云始振魚冬則

二月乃大驚而出

氣在映故降春則氣在脊故升

《二十四节气图》之立春（清·张若霭绘《墨妙珠林（卯）》，台北故宫博物院藏）

正月、春节
与古代的岁首

农历正月是每年的首月。其实，一年的首月在早期并不固定，会随王朝的迭代发生改变。

将春季当成"岁之始"的观念，在先秦周代应该已形成。但是，周朝时一年的首月并非现代农历的正月，而相当于农历十一月。周人以最早测出的"冬至"节气为一年的起点。

这说明早期"岁之始"的"春"，并不是以"立春"节气的到来为起始点的，与"立春"节气并不同步。

秦汉以前是这样安排的：

夏代"建寅"，岁首为阴历元月（与现代相同）。

商代"建丑"，岁首为阴历十二月。

周代"建子"，岁首为阴历十一月。

秦朝与西汉前期"建亥"，岁首为阴历十月。

早期"春"的概念比较窄，是"开岁"的意思，与反映气候变化的季节并没多大关系。

我们现代过的春节，实是"开岁节"或者说"开年节"，而立春则是季节的表述。

对于这种不同，《汉书·天文志》称："正月旦，王者岁首；立春，四明之始也。"意思是，正月初一是帝王规定的一年之首，是人文现象，而立春是四季的开始，是自然现象。

事实也正是这样。中国历书中的"岁首"在早期是变化的，就是因为"王者岁首"，是人为规定的。随着逐渐的演变，人们最后将立春那一天叫作春节，将阴历正月第一天称为元旦。但是在民国初建时期，阴阳历并行，出现了两个年——阴历年和阳历年。为了协调，便把原本立春

古人欢度新春场景（清·丁观鹏绘《太平春市图》，局部，台北故宫博物院藏）

的节名"春节"给了阴历年的第一天，即正月初一，遂有了现代过春节的风俗；而以前阴历正月初一的专称——"元旦"，则给了阳历年的1月1日，即现代的元旦节。

顺便提一下，民间或官方术语中的"夏历"或"皇历""旧历"，均指阴历（阴阳合历）。1968年，《人民日报》始将夏历称为"农历"。为了避免概念上的混乱，方便生活，利于农时，1970年后，中国（大陆地区）统称之为"农历"，并由中国科学院南京紫金山天文台负责计算。

传统年画
《年年有余》
中的"鱼"是什么鱼

过去过年，家家都会买年画，最受欢迎的要算《年年有余》。那么，《年年有余》中的"鱼"是什么鱼呢？

讲究的人一定会告诉您，那必须是鲤鱼。

鲤鱼在中国民间最受崇拜。在儒家经籍中，鲤鱼亦居鱼类之首，并以黄河鲤鱼为最佳。

中国人崇拜"龙"。

龙从哪儿来？

汉辛氏在《三秦记》中称："龙门之下，每岁季春有黄鲤鱼，自海及诸川争来赴之。一岁中，登龙门者，不过七十二。初登龙门，即有云雨随之，天火自后烧其尾，乃化为龙矣。"

此即"鲤鱼跃龙门"典故的由来。因有此传说，唐朝新科进士会设"烧尾宴"，以答谢天子；而要迎考的学子之家，过新年也是少不了鲤鱼的，此俗至今尚存。

如果说鲤鱼地位最鼎盛的时期，或者说鲤鱼全面翻身的时期，那必须是唐朝。

因为唐朝皇家姓李，又尊道家创始人老子李聃为始祖，因此与"李"

谐音的道家圣物鲤鱼大受尊崇。唐朝五品以上的官员佩鱼袋，袋呈鲤鱼状，内装证明身份的鱼符，故又称"佩鲤"。

民间对鲤鱼还有另一番理解："鱼"与"余"谐音，"鲤"通"利"——有余利是生意人最大的追求。

所以，过去正月初五财神日，生意人会将鲤鱼当作财神的化身焚香上供，而且正餐中会有一盘红烧鲤鱼。

古人过年时为什么喜欢蒸制食物

相信大家都听家里老人说过"二十八把面发，二十九蒸馒头"。

为什么古人过年时喜欢蒸制食物？

在古代，过年蒸馒头的风俗应该是在唐宋以后流行开的，但馒头的出现时间应该早于此。馒头在魏晋时被称作"曼头"。西晋束皙的《饼赋》中即提到了馒头，称"寒气既消，温不至热。于时享宴，则曼头宜设"。

这里说的馒头是有馅的，有菜馅的，也有豆馅的，还有糖馅的。包糖的叫"糖馒头"，包红豆的叫"豆泥馒头"。制作豆泥馅非常有讲究，要先将红豆在大锅里煮熟，捞出来后撒入白糖，捏成豆泥就成馅了——这种馒头，孩子们很爱吃。但是，过去因为糖紧缺，很少能吃到，所以孩子们过年最爱吃的还是糖馒头。

过年时的面点一定要用活面制作。和面时都得用"面头"这种酵母菌种"发"一下，这样蒸出来的面点才会膨大，松软可口。当然，这样做不仅仅是因为这种活面好吃,更是图一个"发"字——要发财啊。如果糕和馒头在蒸时都没有膨胀到足够大,尤其是面被"烫死"了,迷信者会认为接下来的一年都不吉利。

过年时为什么少不了年糕?不仅是图个"发",每年都要做年糕还有"年年发"的意思。而且,"糕"与"高"谐音,新年有糕象征"年年高"。蒸年糕时在上面放些枣子也不仅是为了好吃,还图"早早高升"。

这回知道古代人过年为什么喜欢蒸制食物了吧?除了制作方法简单、方便,适合批量制作外,也是图吉利,图蒸蒸日上!

古人过年时第一吉祥菜

中国目前的过年食俗,基本都是在魏晋南北朝时形成或出现雏形的。如今人们过年时必吃鸡,便是受魏晋人过新年习俗的影响。

烧鸡子在中国古人眼里是过年时的第一吉祥菜肴。一直到今天,人们都把鸡放在节日食品首位,年节供应品顺次称为"鸡鱼肉蛋"。

古人过年喜欢讨吉利,鸡正符合这种心理。

鸡的谐音是"吉"。过新年时烧只鸡,图的就是这个"吉"字。而且,最好烧一只全鸡,寓意"整个吉祥"。广东人和香港人过年时则喜欢吃鸡翅,或与人们将鸡说成凤凰有关,取"凤凰展翅"的寓意,希望在新的一年里大展宏图。

然而,魏晋人新年杀鸡,首先想到的并不是现代人的吃,而是另有用意。

秦汉时期，正月初一人们是不会杀鸡的，因为这一天是传统说法中的"鸡日"。但到魏晋时期，人们的节日观念发生了变化。按照五行的观点，正月土气萌动，草木生长，而鸡以五谷为食，羊喜啮百草，故而魏晋人过新年时一改以往习俗，既杀鸡，又宰羊，以利农作物的生长。

魏晋人正月初一杀鸡还有"禳恶气"的考虑。《晋书·礼志上》记载，曹叡（魏明帝）当皇帝时大兴禳礼。所谓"禳礼"，就是在今人看来的祈求消除灾殃的迷信活动。曾被曹丕称为"假子"、擅玄学的何晏，当时提议用鸡牲供禳衅之类的祭祀使用，于是出现了"磔鸡于宫及百寺之门，以禳恶气"的现象，即把鸡杀死悬挂在门上，以禳除恶气，镇守平安，由此形成了那个时代正月初一杀鸡的风俗。

魏晋人迷信正月初一杀鸡能辟邪，可能也与上古时的一个传说有关。传唐尧时代，祇支国进贡了一只重明鸟，眼似鸡，鸣声如凤，展翅一飞能搏击猛兽、恶鬼，各路妖魔鬼怪均惧而避之，不敢再祸害民间。后人于是便把鸡看成了可以替代重明鸟禳灾的牲畜。

魏晋后的南朝人正月初一还喜欢吃生鸡蛋。

《荆楚岁时记》为南北朝时梁人宗懔所撰，记载的就是时人过年时的食俗。其间记载，正月初一，"长幼悉正衣冠，以次拜贺，进椒柏酒，饮桃汤，进屠苏酒、胶芽饧，下五辛盘，进敷淤散，服却鬼丸，各进一鸡子"。南朝人吃生鸡蛋可不是取"元旦"之意，而是出于强身健体的目的。时人认为，吃生鸡蛋可清热降火、防治瘟病。

御製

南牖喁喁自別群
草根玉粒力能分
煖窠伏子無昏晝
覆體呼兒伴夕曛
養就翎毛憑飲啄
衛防雛稚總功勳
披圖見爾頻堪羨
德企慈烏與世聞

成化丙午年仲秋吉日

古今中國人的年菜都少不了雞,取其諧音「吉」意（宋·佚名繪《子母雞圖》,台北故宮博物院藏）

古代新年讲究吃猪蹄

全国不少地方，如南京、上海、闽南等都有过年吃猪手的风俗。尤其是当年有孩子要考试的家庭，尤喜此物。

猪手就是咱们说的猪脚，又称猪蹄。过年吃猪蹄这一习俗的形成与一传说有关。

传说，古时某年乡试时，旅店主人煮猪蹄给入住的应试学子吃，发榜后吃了猪蹄的学子都考中了。

这显然是巧合，不知真假。但这个故事一经传开，民间便出现了给离家赶考的学子送猪蹄的现象，新年吃猪蹄亦成风俗。过年前亲朋邻里之间互赠猪手也因此流行，至今不绝。

那吃猪蹄与考试有什么关系呢？

原来"煮蹄""猪蹄"均与"朱题"谐音，而朱题即用红墨水题写，就是所谓的"朱笔题名"。吃猪蹄图的也是个吉利。

唐朝代宗时期，中书舍人韦肇及第后曾在长安（今陕西西安）慈恩寺的雁塔上题名。此后"雁塔题名"约定成俗，成了进士及第的标志。题名时多推选字写得漂亮的人执笔，如书者有将相的高贵身份，要用特别的朱笔书写。

朱题与煮蹄、猪蹄之间便有了关联。

民间过年吃猪蹄，还有希望新的一年里一家人脚勤手快的意思，以图发家致富。

天地之交
而为泰

DAILY LIFE IN ANCIENT CHINA

一二

本月节气

雨水

　　雨水是二十四节气中的第二个节气，也是春季的第二个节气。

　　此时，地球绕太阳公转轨道至黄经330°，"斗指寅"，一般在每年的阳历2月18日至20日交节。

　　元人吴澄在《月令七十二候集解》中称："雨水，正月中。"雨水是个好节气，古人称："雨水，大地之交而为泰。"

　　为何将第二个节气命名为"雨水"？"天一生水，春始属木，然生木者，必水也，故立春后继之雨水，且东风既解冻，则散而为雨水矣。"古人这话说得太文，其实就是气温回升、冰雪融化、降水增多，故取名"雨水"。

　　雨水三候：一候獭祭鱼，二候候雁北，三候草木萌动。大意就是，雨水节气河水不再冰冷，獭在水中捕鱼了；湿气增多，候鸟、大雁往北飞去；最明显的是，地气上升，草木萌动。

水雨

獺祭魚 鄭康成注此時魚肥美獺將食之先以祭也

候鴈 鄭康成注鴈自南方來將北反其居

草木萌動 鄭康成注此陽氣蒸達可耕之候也農書曰土長冒橛陳根可拔耕者急發

《二十四节气图》之雨水（清·张若霭绘《墨妙珠林（卯）》，台北故宫博物院藏）

古人如何吃元宵

正月十五是元宵佳节,又到了吃元宵的时候!

但是,元宵怎样做才好吃呢?

我们可以学学古人的吃法,不仅好吃,而且做法一学就会。现在,广州等地仍这样做元宵。

将元宵放在沸汤里煮熟这种现代流行的吃法,应该是北宋人发明的。

"煮元宵"仅是吃法之一,起初并不是主流。早期元宵有很多种吃法,如像煎包子、炸油条一样"炸元宵"。清朝时广州一带便流行这种吃法,炸出来的元宵皮脆、色黄、味香、馅甜,口感好极了。

其做法很简单,清代屈大均的《广东新语·食语》中"茶素"一条称:"广州之俗……以糯粉为大小圆,入油煎之,以祀先及馈亲友者也。"广州人将这种油炸元宵称为"煎堆",现在元宵节的时候仍可以在街上吃到。

油炸元宵并非珠江流域的广州所独有的,长江流域也有。苏州就有正月十五炸圆子的风俗,清代苏州人顾禄在《清嘉录》中曾有相关记录。

北宋时,京城开封的元宵节上虽然出现了煮元宵,但当年更流行的是焦䭔——炸元宵,俗称"咬焦䭔"。焦䭔也叫油䭔,大概是因油炸后呈焦黄色而得名。当时街头有专门卖焦䭔的,小贩击鼓吆喝,高声叫卖,与今天的"卖汤圆,卖汤圆,小小的汤圆圆又圆"有异曲同工之妙,充满了节日气息。

不只有炸元宵,有的地方如湖北汉口还有炒元宵,而且现在仍有,甚至已炒到北京、上海的街头,成了很受欢迎的小吃。值得注意的是,不论是炸元宵还是炒元宵,最早都是从南方地区开始流行的,北方的吃法基本上都是煮元宵。

古代街头的元宵小吃摊(清·佚名绘《清代民间生活图集》)

明朝时元宵节店家煮元宵场景（明·佚名绘《上元灯彩图》，局部，民间藏）

古代元宵节才是真的
"人约黄昏后，正是看灯时"

元宵节在古代是重要节日，甚至比过年还要受重视。

为让民众开心地过好元宵节，朝廷除了会取消夜禁，还会给公务员放假。古时的元宵假期比年假还长，年假一般是五天，元宵假期有时多达十天。

在唐朝，唐玄宗李隆基主政之前，元宵节时只有正月十五一天会燃灯；李隆基主政之后，燃灯时间增加到了三天，从正月十四到正月十六。而京城之外，尤其是乡下，并不受此限制。

《新唐书·严挺之传》上记载："睿宗好音律，每听忘倦。先天二年正月望夜，胡人婆陀请燃百千灯，因弛门禁，又追赐元年酺，帝御延喜、安福门纵观，昼夜不息，阅月未止。"

宋朝元宵节庆的时长则增加到了五天，从正月十四到正月十八都有燃灯活动。

明朝时，元宵节的燃灯时间更长。当年明太祖朱元璋定都应天（今南京）时，为了让元宵节热闹非凡，显示大明国泰民安，放假时长连现代人都要羡慕。据《七修类稿》记，"元宵放灯，多至十余日"。永乐年间，节庆时间发生变化，从正月十一开始，至正月二十二结束。现在有的地方仍有"正月十一夜点灯，至二十二夜始熄"之俗。同时，明成祖还给公务员们"赐节假七日"。后来统一确定为五天，但时间改为从正月十三开始。南京至今仍保持着"正月十三上灯"之俗。

明朝时，宫中过元宵节也是一件大事。有一长卷《明宪宗元宵行乐图》，描绘的就是成化二十一年（公元1485年）元宵节的场景。

古代哪里的灯会最热闹、最有名

那当然是古都南京的秦淮灯会。

秦淮灯会因秦淮河而得名，南朝时已出现，是中国最早的灯会。明太祖朱元璋定都南京后，元宵节的秦淮灯会变得更热闹了。

看灯的核心区在夫子庙前，灯会期间这里水泄不通，人挤人，人挨人，至今仍如此。

夫子庙前有座文德桥，横跨秦淮河南北两岸。现在的文德桥已是水泥

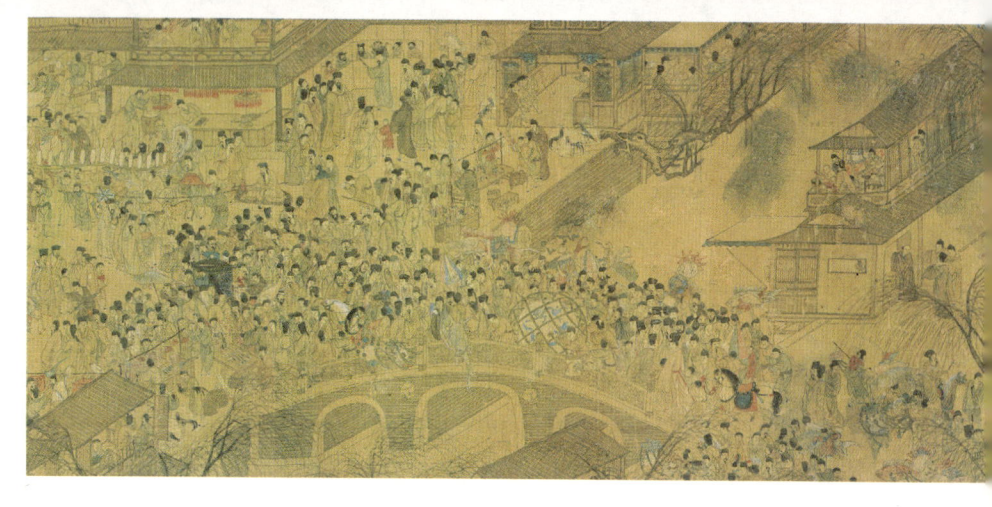

明朝元宵节时的南京夫子庙，中间为文德桥（明·佚名绘《上元灯彩图》，局部，民间藏）

石桥，但当年是木栏杆桥，正月灯会时经常被挤断，致人落水，甚至有人被淹死。因为文德桥老出事，南京有一句歇后语，叫"文德桥的栏杆——靠不住"。

文德桥取名于"文德以昭天下"，始建于明万历十三年（公元1585年）。因桥取正南正北子午向，每年农历十一月十五日满月之夜，桥东西两侧的河水中便会各有半个月亮的倒影。此景名闻天下，被誉为"文德分月"，亦称"秦淮分月"。

据说，唐朝诗人李白当年到南京时，曾于文德桥附近"醉酒捞月"，桥旁的"得月台"即由此而来。

正月十五站在文德桥上赏灯看月，不要太美！

明清时，河北岸有全国最大的科举考场，是文人学子摘取功名之所；河的南边则是一家挨一家的酒肆、青楼，是嫖客、公子的忘返之区。儒士是不会去南岸的，故南京还有一句独一无二的俗话——君子不过文德桥。

古人新年如何迎财神

要说新年如何迎财神，就不得不说一下口头语"闷声发大财"是怎么来的。

这与新年正月的一种风俗有关。

在古代，新年伊始，做每一件事都有讲究，要分外小心。特别是正月初一早上家里第一次开大门，事关全年吉凶。

开大门时要放整个春节中最长的一挂鞭和最多的高升炮，以图开门大吉。家家都会比着放鞭炮，鞭炮响的时间越长越有面子，这一年里也会越吉利。鞭炮响的时间最长的，往往是当地最富裕的人家，他们买得起长鞭炮。所以，老话说"越富越有钱，越有钱越富"。

开了大门后，第一件要紧事就是"迎财神"。至于如何迎财神，现在不少人都不会了，或是不做了。

在苏北，过去是这样迎的：先用桦树皮（俗称"花皮"）扎"财神把"，点上火烤一烤手，叫作"花皮燎燎手，银钱动笆斗"；接着，用"财神把"将家中每个屋子都照一遍；然后，把去年贴的旧"财神马子"揭下，连同未烧完的"财神把"一起拿出门，向历书规定的财神方向走几步，把旧"财神马子"和"财神把"一起烧掉——在这个环节里，最重要的是不要掉头回家；最后，将新的"财神马子"贴在墙上，新财神就被接到家中了。

在照"财神把"、接财神的过程中是不能说话的，口头语中的"闷声发大财"就是由此而来的。

为何不能说话？

一是怕说话声惊走财神，二是怕万一说错话，会亵渎和冒犯财神，招来霉运。所以，这时干脆什么话都不要说。

古代民间正月要"送穷神"

正月二十九在古代是送穷日,送走贫穷,才会吉祥。

迎富是人人都喜欢的,送穷是必须做的。正月有两次送穷的日子,第一次在正月初五财神日。那正月二十九又为什么要送穷呢?因为这天是"穷九"。

古人有"月首迎富,月尾晦日送穷"的风俗。

晦日即每月的最后一天。正月有时是大月,有时是小月。大月有三十天,人们就在三十送穷。小月只有二十九天,人们就在二十九送穷。后来,人们干脆统一定在正月二十九送穷,遂相沿成俗。正月二十九是正月最后一个逢九之日,故称"穷九日",方言讹传为"穷鬼"。所以,有的地方又称正月二十九送穷是送穷鬼。

晦日就是农历月底,旧月将尽,在这样的日子把贫穷送走,结束穷日子恰当其时——"尽了","到底了",再穷也到此为止了。而在每年的第一个月正月举行这项活动,则寓意一年都有好兆头。"正月晦送穷"便因此流传开来。

那么如何送穷呢?

古代送穷流行"除尘秽"。在今天来说,就是把家里的垃圾倒了,扫扫地,搞搞卫生。过去,送穷是将扫出去的垃圾倒进水里——让穷困随水流走。因为这样做会污染水源,所以现在人们都直接将垃圾倒进垃圾桶,让环卫工人把"穷鬼"拖走。

这种送穷风俗,在宋朝时就有记载。宋人陈元靓在《岁时广记·月晦》中说,池阳(今陕西泾阳、三原一带)有风俗,"以正月二十九日为穷九日,扫除屋室尘秽,投之水中,谓之'送穷'"。

立春时间与民间婚嫁喜好

二十四节气中的第一个节气是"立春"。春在五方中对应的是"东",对应五行之"木"。秦汉人崇东方,当时的宫殿和考古中发现的这一时期的墓穴几乎全部"面朝东",与对"春"的迷信不无关系。

古人对立春格外讲究,何时立春、阴历年有无立春节气,民间都很敏感。

二十四节气以太阳的运转周期来定"岁",约365天,为阳历年。立春在阳历2月4日前后,较固定。生肖纪年则以月亮的运转周期来定"年",约354天,为阴历年。阳历年与阴历年天数不等,导致立春时间在阴历上无法固定,或在春节前的旧年里,谓之"早春";或春节后的新年里,谓之"晚春"。

一般每年都会有一个立春节气,称为"单春年"。2022壬寅虎年就是单春年,且是晚春,正月初四才立春。

如果一个阴历年遇到早春,来年又是晚春,那就意味着这个阴历年只有二十三个节气,没有立春,谓之"无春之年"。

2024甲辰龙年便是无春之年。

2024年的立春在2023癸卯兔年的腊月二十五(2024年2月4日),是早春。也就是说,2024甲辰龙年岁首无春。巧的是,2025年是晚春,立春在2025乙巳蛇年正月初六。这样,2024甲辰龙年全年都没有立春节气,用老话说是"两头无春"。

无春之年俗称"寡春年""哑年""盲春"。寡者少也,盲者瞎也。一年中正常是二十四个节气,无春之年只有二十三个节气,有缺,故民间认为寡春年不吉利。古人认为,春是生机,无春则无生机。在民俗文化中,"春"还有男女繁衍生育的寓意,于是渐渐地出现了"寡年无春,不宜结婚"的迷信说法。

古代娶亲场景（明·仇英绘《清明上河图》，局部，辽宁省博物馆藏）

相反，如果一年有两个立春节气，就是"两头春"，会被认为是宜婚之年。如果再是逢闰之年，则是"最宜婚"的幸运之年，结婚的人就多。当然，上述"民间老话"并不科学，仅可作为一种民俗文化来了解。

二月

柴米油盐
酱醋茶

古代人的饮食风气

蛰虫惊而出走矣

惊蛰

本月节气

　　惊蛰是二十四节气中的第三个节气，也是春季的第三个节气。

　　此时，地球绕太阳公转轨道至黄经345°，"斗指甲"，一般在每年的阳历3月5日至7日交节。

　　俗话说，"一日之计在于晨，一年之计在于春"。这个"春"之含义应该在惊蛰，而不是立春。因为到了惊蛰，万物才真正"启动"，万象更新。

　　惊蛰古称"启蛰"，因为避西汉皇帝刘启讳而易名。这一改导致大家对这个节气的本意不甚明了。"启"的人文本意是要大家过了年就启动，开启新天地，不要再沉浸于年味里。

　　惊蛰后要增加饮食，早睡早起，尽早为后面的"苦夏"做准备。

　　惊蛰三候：一候桃始华，二候仓庚鸣，三候鹰化为鸠。大意是，此时桃花、杏花都开了，黄鹂鸟开始叫了，鹰化为鸠，变得更强势了……一派鸟语花香。

桃始華 易通卦驗驚蟄大壯初九
候桃始華不華倉庫多火
庚鳴 鄭康成注倉庚驪黃也
方言云齊人謂之搏黍
鄭康成注鳩搏穀也孔穎達疏
鷹化為
鳩 或以為此鳥鳴則布種其穀云

驚蟄

《二十四節氣圖》之驚蟄（清·張若靄繪《墨妙珠林（卯）》，台北故宮博物院藏）

古人怎么吃烤肉

现在,地摊经济重新兴起,吃烧烤又流行起来。2023年五一期间,山东淄博烧烤火得不得了。

饮食学上,烧烤被称为"炙",故烤炉又称"炙炉"。

关于"炙"这一吃法,有人认为是从"胡食"演变来的。其实根本不是这样,烧烤是人类最早的食物熟化方式。

从考古出土的器具看,烧烤在秦汉之际已流行起来,而且古人吃烧烤非常讲究。

《礼记·曲礼》记载的"进食之礼"中有十几条规矩,其中"毋嘬炙"就是专门针对吃烤肉的。意思是,不要狼吞虎咽,嘴里塞满肉没法儿细嚼,吃相不佳,要慢慢吃。

汉朝时,烧烤已成为皇家和贵族的日常饮食方式。皇家御厨分工明确,有专门的厨师负责做烧烤。

当年负责东汉开国皇帝刘秀膳食的陈正,因为进呈的烧烤上被发现有一根头发,差点儿被疑心病重的刘秀以谋杀的罪名除掉。

隋唐有无心炙、逍遥炙、灵消炙、天脔炙、蛤蜊炙、蜻蜓炙、驼峰炙、牛炙、鸭炙、浑炙犁牛、小蚌肉炙、龙须炙、干炙满天星、金铃炙、光明虾炙、升平炙……无所不烤。

宋朝还流行以烧烤为主题的聚餐活动,如冬天有暖炉会。宋人吕原明的《岁时杂记》称:"京人十月朔沃酒,乃炙脔肉于炉中,围坐饮啖,谓之暖炉。"

汉朝烧烤场景（山东临沂五里堡出土汉画像石拓片，临沂市博物馆藏）

古人进食场景，左边第一个人拿着烤好的肉串（进食图，甘肃嘉峪关新城魏晋墓群六号墓出土）

古代中国哪里的猪肉最好吃

中国人吃猪肉吃了几千年,对不同猪肉的品质有独到的看法。到底什么样的猪肉受欢迎?哪里养的猪,肉好吃呢?

吃猪肉的经验之谈,数明清时期之人的最认真,且上升到了理论高度。明朝著名医学家李时珍曾对各地所产猪的特性进行过总结。在《本草纲目》(卷五十)"兽部"中,他谈的第一种家畜就是豕。

> 猪,天下畜之,而各有不同。生青、兖、徐、淮者耳大;生燕、冀者皮厚;生梁、雍者足短;生辽东者头白;生豫州者味短;生江南者耳小,谓之江猪;生岭南者白而极肥。

从李时珍所记来看,今北京一带人家饲养的猪似乎不是太好,主要是皮太厚。而现在普通人家饲养的白猪,在明朝只有东北、岭南一带有。明末方以智《物理小识》中的说法,也证实了这一点:"辽东白蹢为奇,广则大抵花白。"

对于各种猪肉的优劣,清朝农学家杨双山在其《豳风广义》是这样说的:"南方之猪味酸冷而有小毒,食之动风、生痰、弱筋骨、虚人肌,不可久食;北方水深土厚,风气高燥,其肉味甘、性平、无毒,大能补肾气虚损、壮筋骨、健气血;而秦中之猪甲天下,尤非他处可比。"

杨双山这段话堪称"食猪肉经"。在他眼里,南方养的猪肉质不是太好,北方及西部的猪肉好,尤其陕西关中地区的猪肉质量最好。杨双山的观点不一定对,但北方猪肉受消费者欢迎是事实。

如金元时期的金国,皇家就指定吃东北猪肉。据《金史·地理志上》"上京路"条记载,朝廷要求会宁府(今哈尔滨市境内)一带,年"贡猪二万(头)"。海陵王迁都北京后,也只吃东北猪肉。

古人杀猪场景（宰猪图，甘肃嘉峪关新城魏晋墓群六号墓出土）

中国人从什么时候开始喜欢喝粥的

粥，在现代人看来是很普通的食物，但在古代它是上好的食物。

在稻米不多的古代，粥主要用粟、麦、豆为原料来熬制，故有粟粥、麦粥、豆粥之分。如汉朝人喜欢用淘米水和小豆一起熬粥，这样做出来的粥味道甘甜。此粥即是南朝时仍很流行的"甘豆羹"。

粥之所以在古人饮食中有极重要的地位，与粥"出饭"不无关系。同样多的粮食，熬成粥要比做成饭的产出大很多。在灾荒年，粥往往是活命的主食，故古人称之为"救荒粥""清贫粥"。古时称用食物赈济灾民的行动为"施粥"，而不称"施饭"，缘故即在此。

粥是半流动食物，易消化、吸收，尤其适合老人、孩子和病人食用。

古人做饭煮粥场景（庖厨图，甘肃嘉峪关新城魏晋墓群五号墓出土）

古人认为粥可"养生"，因此开发了具有不同食疗功能的保健粥。《遗令》记载，曹操有一次生病，"夜半觉小不佳，至明日饮粥汗出"。

东汉之后的魏晋南北朝时期，人们最爱喝粥，以致喝粥成风。这既与当时战争连年不断导致粮食不足的大背景有关，更与当时的饮食风尚有关。当时的寒食节有"喝粥"之风俗。

东汉光武帝刘秀对粥情有独钟，不只自己喝，还给他人赐粥。《后汉书·樊宏阴识列传》记载，刘秀的舅妈去世后，表弟樊儵伤心过度，身体极弱，刘秀曾派身边的太监给樊儵送馆粥，即所谓"世祖遣中黄门朝暮送馆粥"。馆粥即当时流行的稠粥。

可以这么说，魏晋南北朝时期是中国的"喝粥时代"，这是战乱和饥荒造就的。但喝粥因此流行起来，一直至今。

馒头最早不叫"馒头"

"饼"也是古人的主食之一。饼的兴起与面粉加工技术的成熟直接相关。

早在西汉时即有吃面饼现象,但这种饼更似点心。倒是西北方少数民族的胡饼与现代的饼定义相近,并在东汉贵族阶层流行。

宋人高承《事物纪原》引《续汉书》称:"灵帝好胡饼,京师皆食胡饼。"

魏晋以后,随着面粉加工技术的进步,饼食在中原迅速流行,并得以在民间普及。古籍中有关"饼"的记载也随之多了起来。

晋人束皙所作《饼赋》中所提及的面点就有十多种。北魏贾思勰的《齐民要术》中记录的面食超过二十种,有蒸饼、汤饼、胡饼、烧饼、髓饼、膏环等。

蒸饼即放在笼内蒸熟的面食,故唐朝人称之为"笼饼"。其做法与今天的馒头差不多,实乃早期的馒头。

南北朝时期,中国人制作蒸饼的技术已经非常成熟,不仅能够恰到好处地掌握发酵技术及火候,蒸饼的花样亦多。

时人视表面开裂"十"字的蒸饼为最佳,有的贵族、土豪非此不食。

《晋书·何曾传》(卷三十三)记载,西晋贵族何曾生活极为奢侈,"食日万钱,犹曰无下箸处"。他对面食也非常讲究,"蒸饼上不坼作十字不食"。

十六国时期,后赵皇帝石季龙特别喜欢吃蒸饼,且比何曾更会吃。除了"坼裂方食"外,他还爱吃有"馅"的。石季龙,即石虎。《太平御览》引《赵录》,称其"好食蒸饼,常以干枣、胡桃瓤为心蒸之"。

有美食家分析,蒸饼开启了古代中国的"馒头时代",唐朝的"笼饼"、宋朝的"炊饼",均由蒸饼而来。

在蒸饼中加入馅料的做法,成为后来广为流行的包子的源头。

古代苏州沿河饮食一条街,中间有一家叫"上桌馒头"的馒头店,正在烧火蒸馒头
(清·徐扬绘《姑苏繁华图》,局部,辽宁省博物馆藏)

饺子:古代的"水点心"

饺子是中国的一道著名美食,其出现时间比较早,最初叫"饼饵"。

传说是东汉名医张仲景发明的,他将药包进面皮子里,煮熟后连汤带水让病人一起食用。这就是民间传说的张仲景"祛寒娇耳汤"。

到三国时,有一种"月牙馄饨"与今天的饺子外观一样,也被视为水饺。在唐朝,饺子则被称为"牢丸"。如果是水煮的叫"汤中牢丸",蒸饺则叫"笼上牢丸"。

饺子的历史虽然长,但吃饺子这一新年食俗到明朝才盛行。在《中国饮食史》和《中国风俗通史》的记载中，明朝以前均不见大年初一吃饺子的食俗。

明朝人又称饺子为"扁食""粉角""水饺子""蒸面饺"等，大概是因为熟化的方式不同。明人沈榜所作《宛署杂记》记载了明朝人过新年的风俗："岁时元旦拜年：晨起当家者，率妻孥，罗拜天地，拜祖祢，作匾食，奉长上为寿。"

明朝时，宫里还把饺子称为"水点心"。

明朝吕毖在《明宫史》"正月"一条中记载："正月初一日，五更起，焚香，放纸炮……饮椒柏酒，吃水点心，即'扁食'也。或暗包银钱一二于内，得之者以卜一岁之吉。"

现代一些人家有在饺子馅中塞硬币，以占卜家庭成员新年财运的风俗，就是明朝形成的。明朝嘉靖时期山西《曲沃县志》中也有类似的记载："二日制扁食包金，邀婿争福。"

到清朝，大年初一吃饺子这一食俗进一步巩固。

富察敦崇《燕京岁时记》"元旦"条记载："是日，无论贫富贵贱，皆以白面作角而食之，谓之煮饽饽，举国皆然，无不同也。富贵之家，暗以金银小锞及宝石等藏之饽饽中，以卜顺利。家人食得者，则终岁大吉。"

花睡去
只恐夜深

本月节气

春分

　　春分是二十四节气中的第四个节气，也是春季的第四个节气。

　　此时，"斗指卯"，一般在每年的阳历3月19日至22日交节。

　　在二十四个节气中，春分最特殊。为什么？因为这个点太绝了。此时地球绕太阳公转轨道至黄经0°，或者说360°。

　　从地球赤道上看，太阳在正头顶，阳光直射而下——人影最短，"如影相随"不成立。更现实的意义是，这一日白天与夜晚等长，此后白天时间将增长，夜将变短。

　　所以，《月令七十二候集解》称："二月中，分者半也，此当九十日之半，故谓之分。"

　　春分三候：一候元鸟（一说玄鸟）至，二候雷乃发声，三候始电。意思是，燕子来了，雷声响起，雨渐多，能见到闪电了。

　　春分带给人们的影响是实实在在的。

　　俗话说"春光美"，春光从哪儿开始？就是春分！

《二十四节气图》之春分（清·张若霭绘《墨妙珠林（卯）》，台北故宫博物院藏）

古代用筷礼仪和九大忌讳

筷子是中国人日常进食必用餐具，三岁小儿都会用，但估计90%的现代人不知道古人用筷的礼仪和讲究。

在过去，用筷相当讲究。

《礼记·曲礼上》称："饭黍毋以箸。"箸在古代就是筷子的意思。这句话即规定吃米饭时不能用筷子，要用羹匙。羹里有菜的时候才动用筷子捞夹。

到后来，用筷子的规矩越来越多，形成了丰富的中国筷子文化。

现在不时能看到两人同时用筷子夹起一口菜，这在古代是绝对要禁止的。这叫"截筷"，与收纳骨灰时的动作相似，古人认为非常不吉利。

吃饭时还不能让人停下筷子，"停筷"是针对死人的。人死后会在棺前放最后一碗饭，并将一双筷子直插饭上，这叫"供筷"。这时才算停下筷子。将筷子插在饭上，在农村至今仍是一种忌讳。

食毕，如何摆放筷子也非常有说法。横放于碗碟上叫"横筷"，也称"拱箸"，表示"酒足饭饱，不再进食，诸位慢用"。在湘西一些地方，吃饱了则将筷子十字交叉放于碗上，意思是"实在吃不下去了"。

在用筷子的规矩中，有晚辈不能在长辈拱箸之前放下筷子的说法。

一位名叫唐肃的明朝才子曾被明太祖朱元璋召来侍膳，却因拱箸被朱元璋严厉惩处。明人徐祯卿在笔记《翦胜野闻》中记述了此事："（唐肃）食讫，拱箸致恭为礼。帝问曰：'此何礼也？'肃对曰：'臣少习俗礼。'帝怒曰：'俗礼可施之天子乎？'"

可见，古时如何用筷子并非小事。

民间关于筷子的用法和禁忌，归纳起来主要有以下几点：

忌"三长两短"，筷子要长短一样。

忌"仙人指路"，用筷子时不要将食指单独伸出，老北京称之为"骂大街"。

忌"品箸留声"，不要将筷子放在嘴里来回嘬。

忌"迷箸刨坟"，不要用筷子在盘里乱翻。

忌"泪箸遗珠"，忌讳夹菜时把菜汁滴到桌上或他人菜里。

忌"乾坤颠倒"，忌两只筷子大小头颠倒。

忌"定海神针"，忌将一支筷子插在菜里。

忌"当众上香"，忌把筷子插在饭里送给同桌人。

忌"击盏敲盅"，不能击打餐具。乞丐讨饭时才用筷子击打餐具，以引起施舍者注意。请客吃饭时也不能敲碗，否则便是不尊重客人，暗含"吃完了，请快走吧"之意。另外，旧传别有用心者在饭里施蛊毒害人时，边默念咒语边敲碗，蛊毒才会起效。所以敲碗在过去是绝对要避免的……

估计不少人少时都犯过上述忌讳，被长辈敲打过吧。

古人饭桌座位顺序的门道

聚餐的时候，尤其是领导请吃饭时，很多人虽然早就到了吃饭的地方，却迟迟不敢坐下。那是因为他们不知道该怎么坐，怕坐错了位置闹出笑话。

在一起吃饭的一桌人里，最尊贵的客人坐的位置叫"上席"。过去都是四方桌，每面坐两人，刚好可以坐八个人。这种四方桌俗称"八仙桌"。八仙桌上双双相对，不远不近，碰杯、夹菜、交流都方便，吃饭很

古代高级宴会场景，每人面前都放有筷子（宋·赵佶绘《文会图》，局部，台北故宫博物院藏）

有气氛，真是快乐如仙。

那么，八仙桌上什么位置算上席？如果房内只有一桌，不论房子的朝向，望门的位置就是上席，上席两人中左边为首席。

要注意的是，摆桌子时很有讲究。席位方向一定要正，老话有"席不正不坐"一说。还要注意，桌缝忌朝向上席。这叫"冲上席"，是最不尊敬人的。如果首席面朝南，正确的摆法是，桌缝朝向东西。

有关李鸿章的传记中记述了这样一个"坐上座"的故事。

一次，李鸿章的同乡在黄鹤楼摆了一桌美酒，为湖广总督李翰章（李鸿章的哥哥）接风，也为直隶总督李鸿章饯行。

到了宴席地点，同乡们却不知道这哥俩谁坐在上位合适。

李鸿章不愧是李鸿章，便问道："各位，今天这个宴席，是论公事，还是论私谊？"

按照年龄，自然是哥哥应坐在上位；可是按照官职，李鸿章还挂名朝廷协办大学士，官位更高，理应坐上位。

见众人不作声，李鸿章又问："各位，今天这桌酒席是你们私人掏腰包，还是公款宴请？"

这么一问，大家才反应过来，齐声回答："今天只论公事，不谈私谊！"

于是，李鸿章大摇大摆地坐了主座，说道："论公事，我是协办大学士，官衔最高，所以理应坐主座。这是朝廷礼制，来不得半点儿含糊。"接着又说，"大哥坐在小弟下面，也不像话。你们明天再摆一桌，只论私谊，那样我大哥就可以坐上座了，如何？"

听了这番话后，众人拍手叫绝，这个僵局就这样迎刃而解了。

由此可见古人吃饭时在座位上的讲究多有门道。

现在虽流行大圆桌，但也分上下席，仍以面朝门者为上为尊。

如果房间内有多张桌子，那就复杂了。这时最聪明的办法就是"客随主便"。

古人年节家宴的敬酒风俗

喝酒是传统饮食风俗之一。

古人日常生活中,酒是少不了的,特别是逢年过节。过年时,再穷的人家也会上酒的,取年运久久之意。

历朝中,酒风最浓的大概是宋朝。宋人吴自牧《梦粱录》(卷一)"正月"条有这样的文字:"正月朔日,谓之元旦,俗呼为新年……家家饮宴,笑语喧哗。"

宋人把酒当饮料来喝,故将喝酒称为"饮酒"。当然,这种酒不会是高浓度的白酒,而是酒精含量较低的屠苏酒饮,"世俗皆饮屠苏酒,自幼及长"。

屠苏酒是古代中国人过新年时喝得最多的一种酒,它实是一种药酒,可防治瘟疫。

新年饮屠苏酒一俗,魏晋时已形成,南朝宗懔《荆楚岁时记》中有"进屠苏酒"一说。唐人韩鄂《岁华纪丽·元日》"进屠苏"条则注称:"俗说屠苏乃草庵之名。昔有人居草庵之中,每岁除夜,遗闾里一药贴,令囊进井中,至元日取水,置于酒樽,合家饮之,不病瘟疫。今人得其方而不知其人姓名,但曰'屠苏'而已。"

除了喝屠苏酒,椒花酒也是宋人喜欢的酒水。椒花酒又叫"椒柏酒",其历史与屠苏酒一样悠久,是魏晋人过新年时喝的。

魏晋人认为,椒为玉衡星之精,吃了能使人年轻;柏则是一种仙药,吃了能除百病。所以,用这两种东西泡出来的酒,自然受到古人的青睐。

宋朝人也特别迷信椒柏酒的保健功能。《本草纲目·谷部·附诸酒方》"椒柏酒"条称:"元旦饮之,辟一切疫疠不正之气。除夕以椒三七粒,东向侧柏叶七枝,浸酒一瓶,饮。"

古人过年时喝椒柏酒还十分讲究顺序，不像现代从年长者喝起，先敬老人，而是从最小的孩子开始，即年龄最小的先饮，年龄最大的后饮。

古人认为，孩子增一岁，渐趋成熟，老人失去一岁，日趋老迈，故须先祝少年人健康成长，再祝老年人健康长寿。

中国最早的三个"西瓜"

西瓜并不是中国原产的，那中国人是什么时候开始吃西瓜的？从考古发现来看，应该是在公元11世纪初。

中国人最早"吃西瓜"的场面，是在内蒙古辽代墓葬壁画上发现的。

"西瓜"出现在墓主人"宴饮图"中。整幅"宴饮图"宽132厘米，高135厘米。在图中，墓主人半侧着身子向右端坐于砖砌半浮雕的黑色椅子之上，左右两侧为三名侍者。特别显眼的是，墓主人身前的砖砌浮雕黑色方桌上放有两盘水果。一竹编式浅盘内放有石榴、桃子和枣子等水果，另一个黑色圆盘内赫然放着三个西瓜。

从这幅壁画可以看出，当时契丹贵族（墓主人）的生活方式是相当讲究的，食用果品十分丰盛。这种情况与《辽史》中所记载的契丹皇家、贵族喜欢用水果佐饮的饮食时尚相吻合，与如今正餐结束之后上个"水果拼盘"的做法也惊人地一致。

据考证，此墓筑于辽圣宗耶律隆绪太平六七年间（公元1026年至1027年）。也就是说，这三个"西瓜"距今已近千年了，是迄今在中国古代绘画中发现最早的三个"西瓜"。

古人卖西瓜场景（清·佚名绘《苏州市景商业图册》，局部，法国国家图书馆藏）

古代也有"进口水果"

到明朝，人们可选择的水果品种更丰富了。需要注意的是，明朝人所说的"水果"与现代的"水果"概念不太一样，专指菱、藕一类水生果实。而明朝人所说的"夷果"和"蓏果"，才与现代的水果差不多。

夷果主要指热带、亚热带果品；蓏果主要是西瓜、甜瓜、葡萄、猕猴桃一类。蓏果在明朝已不稀奇，民间都有种植。当时市场价比较高的还是夷果一类。

清人严西亭在其《得配本草·果部》"夷果类"中列了荔枝、龙眼、橄榄、榌实、松子仁、槟榔、大腹皮、枳子八种果实。

北方人喜欢吃热带出产的"夷果"，在秦汉时已成时尚。它们都不是中原本地产的，是最早的一批"进口水果"。当时，香蕉、椰子、龙眼、柚子等都已"北进中原"。

香蕉，汉朝人称为"甘蕉"或"芭蕉"。《太平御览》引杨孚《异物志》称："剥其皮，食其肉，如蜜甚美。食之四五枚可饱，而余滋味犹在齿牙间。"

明清时期，新一批"进口水果"被引进中国，有菠萝、番木瓜、番荔枝等。

其中尤以菠萝的引种最成功。

菠萝，古人称之为"果凤梨""番菠萝"。菠萝原产于南美洲的巴西、秘鲁等地，16世纪初先传入印度和马来半岛，17世纪时传入中国南方。

明崇祯十二年（公元1639年），广东《东莞县志》"果之属"部中已出现了"山菠萝"的记载；清顺治十四年（公元1657年），广东南海县《九江乡志》著录"番菠萝"；到17世纪后期，今广东郊外已成片栽植菠萝。进入18世纪后，菠萝种植业发展迅猛。清代李调元在《南越笔记》"山波罗"条中是这样说的："粤中凡村居，路旁多种山波罗。"

三月

古代人的衣饰时尚

冠者春服永而日

清明

本月节气

物至此时,皆以洁齐而清明矣

　　清明是二十四节气中的第五个节气,也是春季的第五个节气。

　　此时,地球绕太阳公转轨道至黄经15°,"斗指乙",一般在每年的阳历4月5日前后交节,农历一般在仲春与暮春之交。

　　清明应该是二十四节气中最舒服的一个节气,此时天净气清,阳光明媚,春暖花开,一派欣欣向荣之光景。在低温下憋了一个冬天的人们,终于彻底换下棉装,轻松起来。

　　故《月令七十二候集解》称:"清明,三月节……万物齐乎巽,物至此时,皆以洁齐而清明矣。"

　　清明三候:一候桐始华,二候田鼠化为鴽,三候虹始见。

《二十四节气图》之清明（清·张若霭绘《墨妙珠林（卯）》，台北故宫博物院藏）

古人热天怎么穿

清明节后，天气一天比一天热。天热了，古人怎么穿衣？电视剧里，古装都是长衣长袖，他们真的这样穿吗？

以唐朝女性来说，她们的热天着装是历代最讲究的，最具代表性，当然也最有魅力。

凉快，是热天穿衣最大的追求。

以夏装上衣而言，唐装就颇有特点，有小袖襦衣、宽袖衫，最养眼的是"半臂装"和"袒胸装"。

半袖装，通俗来说就是古代的短袖衫，又称半臂装。它是由汉魏时期的"半袖"款式改制的，在当时相当前卫，是着装上的一种突破。其形制为对襟，袖不掩肘，长与腰齐。若与襦裙配套穿着，则称为"半袖裙襦"。隋炀帝后宫的女性多穿这种半袖装。

到唐朝时，半袖装仍受到宫廷女性的喜欢。《新唐书·车服志》记载："半袖裙襦者，东宫女史常供奉之服也。"这种穿着在唐朝考古中常有发现，在唐永泰公主墓、章怀太子墓的壁画上，都能看到着半袖装的女性。

比半袖装更前卫的，则是袒胸装。设计师对领口做了大胆改革，一改古装的传统小开口，加大开口尺寸，将之剪裁成"袒领"，使近半酥胸暴露在外。

现代影视剧中，许多唐宫女性的服饰比现代女孩子的还潮，其设计灵感即源于这种袒胸装。影视剧中，杨贵妃穿得不要太时尚哟。

明白了吧，天热了，古人穿衣讲究短和露，衣料当然也是薄的。这样的衣着应时应景，郊游踏青亦方便。

唐朝女子打扮（唐贵族李爽墓壁画《捧唾盂侍女图》，局部，陕西历史博物馆藏）

早期中国人并不穿裤子

现在大家都穿裤子，不穿裤子简直无法想象。但在秦汉时，中原人几乎都不穿裤子。那穿什么？穿"裳"。所谓"衣裳"，上身为"衣"，下身为"裳"。裳有前后两片，即围裙状服饰。

裳里面则有胫衣，类似套在腿上的无脚长筒袜，与现代治疗静脉曲张的套筒穿法差不多。

当时并非没有裆裤，有裆的叫"缦裆"，乃"胡服"之一种，最早为西域居民的日常服装，便于骑射出行。战国时赵武灵王推广胡服，缦裆始在中原流行。

后中原人结合胫衣的款式将其发展为"裈"，成为士兵和劳动者的服装。

热天穿的裈较短，俗称"犊鼻裈"，实际就是今天的三角短裤。当年司马相如和卓文君站在柜台后"当垆酤酒"，所穿便是这种"三角裤"。

一直到西汉，上层人物都不喜欢穿裤子（裈），要穿也是穿开裆裤。

汉昭帝以前，后宫嫔妃日常都穿开裆裤，这给皇帝的宠幸带来了极度方便。

汉武帝刘彻死后，其年仅8岁的少子刘弗陵当了皇帝，史称"汉昭帝"。辅政大臣霍光年仅6岁的外孙女成为他的皇后。霍光为了保证外孙女得到专宠，便禁止嫔妃穿开裆裤，连宫女也不允许穿。如果要穿，必须将裆缝起来，此即"穷裤"。

《汉书·外戚传》有此记载："光欲皇后擅宠有子……虽宫人使令皆为穷裤，多其带，后宫莫有进者。"

"穷裤"实际上还是一种开裆裤。与胫衣不同的是，它上达于股，在两股之间连接成裆。但裆不缝合，用布带子系住；布带子类似现代裤子上的拉链，方便私溺。所以霍光要求后宫之人穿穷裤的同时，还要求系紧带

古代帝王后宫生活场景（明·仇英绘《汉宫春晓图》，局部，台北故宫博物院藏）

子。穷袴因此又叫"缚带裤"，在唐朝则称为"绲裆裤"。

霍光此举实是在变相限制汉昭帝的性生活，想不到由此带来了中国服装史上的一场大变革。与现代裤子功能接近的有裆裤从此开始广泛流行，古代中国人开始穿裤子，着装时多了一种选择。

古代各朝女性怎么穿裙子

古代中国人，尤其是女性，不喜欢穿裤子是事实。那么，古代女性喜欢穿什么？裙子呀。

在所有服装中，古代中国女性夏天穿得最多的就是裙子。裙子也是传统的女性服装之一。

古代中国女性最经典的着装方式，是"襦裙套装"。襦裙本是春秋战国时期中山国流行的一种服装款式。

襦是一种短上衣，长至腰间，紧身窄袖；裙即裙子，由多幅布制成，上面多织有方格花纹，常与襦配穿。这种短衣长裙的搭配，对中国古代服饰文化影响极大。现代女孩子也喜欢这种搭配。汉乐府诗《陌上桑》中描写的采桑女孩秦罗敷就是这样穿的："缃绮为下裙，紫绮为上襦。"

就朝代而言，不同的朝代各有自己的款式。

在汉朝，普通人穿的裙子不用任何纹饰，不加边缘，因此又名"无缘裙"。无缘裙是当时农家女孩子眼中最漂亮的夏季服装，长及膝部，外罩围裙蔽膝。

宋朝女性喜欢带有细密褶的裙子。

最时髦的裙子叫"旋裙"，前后身开胯，便于骑马乘驴。据说它本是京城青楼女子的"招牌裙"，因为既美观，又实用，遂为宋朝女性青睐。

明朝女性裙子的花样更多，如"月华裙""凤尾裙""合欢裙"，以及用整幅缎料摺成的"百褶裙"。这种裙前面平展无褶，周围加有装饰的花边，里面填以彩绣花纹，左右两边打细褶，最多的有一百五六十道褶。

古人衣袖里的秘密

在大家的印象中，古人的衣袖又长又宽。事实也是这样。

为什么要这样设计？原来这样的衣衫除了可作衣袋外，还有遮面的功能，可以挡风遮尘，特殊情况下甚至可以当抹布。

《战国策·齐策一》"苏秦为赵合从说齐宣王"中便有"连衽成帷,举袂成幕"的说法。可见先秦时,古人已开始发挥衣袖的遮蔽功能了。

古人的衣袖不只有讲究,还有秘密——里面有袋,可以藏物。女性常用的巾帕一类东西,便置于其中。遇到风沙、雾霾等恶劣天气时,便可抽出巾帕,临时用来遮蔽脸面、掩捂口鼻,以替代面衣。

巾帕是古人衣袖中必不可少之物。

巾帕即手绢、手巾一类的纺织品,中国人早在先秦时已开始使用巾帕。

小小的巾帕作用极大,用法丰富,除遮面、拭眼、抹鼻、揩嘴外,还可表达感情,作定情之物。所以,秦汉以后,巾帕已成为个人常用私物。古诗《孔雀东南飞》中,为婆婆不容而遭休弃的刘兰芝便有一块巾帕:"阿女默无声,手巾掩口啼。"

用巾帕来掩捂口鼻时多用单手操作;不便用手时,如端盘子时,则直接将巾帕系在脸上,掩捂口鼻。13世纪时,来华的意大利人马可·波罗便在元大都(今北京)看到了这一幕。冯承钧译《马可波罗行纪》中称,在元朝宫殿里,献食的人皆用绢巾蒙口鼻,俾其气味,不触大汗饮食之物。

"绢巾"就是巾帕一类的东西。这种文明的"讲卫生"风俗让马可·波罗大开眼界,故而当作新鲜事物写进了自己的东方游记中。

古代中国女性爱用什么包包

如同今天一样,古代中国女性也十分喜欢包包。

在早期,男女包包是有材质区别的,皮包是男性使用的,布包才是女用包包。《礼记·内则》中就有这种说法,叫"男鞶革,女鞶丝"。汉郑玄注："鞶（pán），小囊，盛帨巾者。男用韦，女用缯。"到后来，男包也可以用布帛制作。

唐朝女用包包很新潮、华贵。如在敦煌莫高窟第十七窟北壁有一幅壁画，上面的受持五戒的近事女梳双丫髻，左手执杖，右手持巾，身边的树枝上挂着一只女包。此包即便放在现代，也丝毫不逊色。

古代女性最喜欢的包包应该是"香囊"。香囊又称"薰囊""香袋"，用布帛制作，里面放的不是物什，而是香料一类的东西。

一般有条件的古代女性都会佩香囊，既可作为饰物，又能散发出令人愉悦的香气。中国女性佩戴香囊的历史很长，在先秦时即已出现。《礼记·内则》称："男女未冠笄者……皆佩容臭。"容臭就是后来说的香囊。

到汉魏时佩戴香囊已成流行，魏繁钦曾作《定情诗》："何以致区区，耳中双明珠。何以致叩叩，香囊系肘后。"1972年，考古人员在湖南长沙马王堆一号汉墓椁室内的两个边厢里就发现了四只香囊。

古代不少知名女性都喜欢佩香囊。唐玄宗的宠妃杨贵妃便特别喜爱这种小包包。据宋乐史《杨太真外传》记，杨贵妃临死时身上还挂着香囊，"及移葬，肌肤已消释矣，胸前犹有锦香囊在焉"。

古代女性喜欢香囊，其实还有一层特殊意思：她们往往把香囊当作定情之物。

唐孙光宪的《遐方怨》词即称："红绶带，锦香囊。为表花前意，殷勤赠玉郎。"

树枝上挂的晚唐女包非常现代(壁画《近事女》,甘肃敦煌莫高窟第十七窟"藏宝洞"出土)

古代中国男性比女性更爱包

在古代中国,男性比女性更爱包,因为古代的包是男性身份的象征。

在古代,"绶囊""笏囊"都是古人用的包。其中的笏囊又称"笏袋",最能显示身份。

"笏"即笏板。其实,笏就是官场用简易手写板。大臣上朝时都要带笏板,用来记录"最高指示"和自己要上奏的事,以防忘记或记错。盛放笏板的包包便是笏囊。

与绶囊多为青色不同,高级笏囊多为紫色,古人称之为"紫荷"。

《宋书·礼志五》记载:"朝服肩上有紫生袷囊,缀之朝服外,俗呼曰紫荷。"到后来,紫荷成为唐朝官场上的高级包。

唐朝时,最能显示身份的高级包是"鱼袋"。绶囊是装印信的,而鱼袋则是盛放符契这类"身份证"的。唐朝时,官员的身份证明被制成鲤鱼形,故名"鱼符"。朝廷规定,凡五品以上官吏穿着章服时必须佩戴鱼符;中央和地方"互动",也以鱼符为凭信。

凡有鱼符者俱给鱼袋,使用时系佩于腰间,内盛鱼符。鱼符有金、银、铜等质地,以区别地位;鱼袋也通过金、银装饰来区分官位高低。据《新唐书·车服志》载:"随身鱼符者,以明贵贱,应召命……皆盛以鱼袋,三品以上饰以金,五品以上饰以银。"

用金子装饰并盛放金质鱼符的鱼袋,称为"金鱼"或"金鱼袋",是当时最高档次的包。唐人韩愈《示儿》诗称:"开门问谁来,无非卿大夫。不知官高卑,玉带悬金鱼。"

现在,特殊情况下有的人会借别人的名牌服装和名包来打扮自己、抬高身份,唐朝也有这样的现象。如有时出使国外,低级官员就会借高级官员的紫金鱼袋使用,谓之"借紫"。

唐朝出入宫廷的"门禁卡"或"身份证"——鱼符
（2021年咸阳唐杨全节墓出土，现存陕西省考古研究所）

宋朝人仍使用"鱼袋"，也有金鱼袋、银鱼袋之分，但仅是一个绣有鱼纹的空包，鱼符被废弃了。凡有资格穿紫红、绯红官服的高级官员，均可用这种包。

如此包包，哪个男生不爱！

古人穿鞋为何不分左右脚

鞋子分左右脚，这是现在大家都知道的常识。但如果回到100多年前，鞋子分左右脚还是颇为另类的现象。分左右的鞋子，古代称为"运脚鞋"，古人是不穿的。在几千年的时间里，古人穿鞋始终不分左右。

左右不分的鞋子是不是很难穿？不是的。古代制鞋的材料多较为柔软，如草绳、麻绳。即使用动物皮制鞋，皮料也处理得很柔软。而且，古人穿的鞋子做得相对宽松，尺码比较大，不会有穿不上或是磨脚的现象。有意思的是，古鞋不讲尺码，只说鞋号，称"脚第几"。

虽然鞋子不分左右，但古人买鞋时还是讲左右的。试鞋时，一般会先试左脚，只要左脚能穿下，右脚就不用试了。这是因为人的左脚一般比右脚稍长一些，这与手刚好相反。

因为鞋子不分左右，古代制鞋用的鞋楦只有一只，而非现代的两只。其实，鞋子不分左右的现象，国外亦然。西方鞋子分左右，出现于1818年的美国。中国第一双分左右的皮鞋诞生于1876年，由上海浦东人沈炳根试制成功。可见穿鞋分左右的历史太短。

不分左右的鞋子又叫"正脚鞋"，也叫"直脚鞋"。古人的鞋子为何不分左右？可能与古代人忌讳穿颜色、款式不一的"鸳鸯鞋"有关。在古人眼里，两只鞋子必须一模一样，两只不一样的"鸳鸯鞋"则被视为不洁，贱民才穿。这与现代前卫一族有意穿之以显时尚的做法完全不同。

古代鞋履等级区分严格，如在魏晋南北朝时期，连所穿鞋子的颜色都有严格规定。

对中国古代服饰文化影响极深的北魏孝文帝"服制改革"即规定，鞋履的颜色"士卒百工无过绿、青、白；奴婢侍从无过红、青，犯者问斩"。而对做买卖的生意人，西晋朝廷则规定，凡市侩必须一脚穿白鞋，

宋朝艺人的鞋子男女不同：男蓝女红，男平女尖（南宋·佚名绘《打花鼓》，局部，北京故宫博物院藏）

一脚穿黑鞋，这种鞋就是"鸳鸯鞋"。

这种一双鞋分黑白两只的现象，古人也称之为"黑白两道"。与官、匪都有勾结之人，民间俗称为通"黑白两道"之人。这一俗称和概念的来历，也与"鸳鸯鞋"有关。

谷雨

本月节气

雨其谷于水也

谷雨是二十四节气中的第六个节气，是春季的最后一个节气。

此时，地球绕太阳公转轨道至黄经30°，"斗指辰"，一般在每年的阳历4月19日至21日交节。

二十四节气中共有两个带"雨"字的，都在春季，一个是立春后的雨水，另一个就是谷雨。

"雨水"因降雨渐多得名，那"谷雨"是怎么来的？古人释为"雨生百谷"。意思是，到这时降水增多，雨水充沛，有利于谷苗生长。

《月令七十二候集解》称："谷雨，三月中。自雨水后，土膏脉动，今又雨其谷于水也。"

谷雨三候：一候萍始生，二候鸣鸠拂其羽，三候戴胜降于桑。意思是，浮萍开始生长，布谷鸟抖动羽毛，桑树上出现戴胜鸟了。

萍始生　詩疏廣要萍今水上浮萍也大
者曰蘋小者曰萍季春始生
鳴鳩拂其羽　鄭康成注鳴鳩飛且
翼相擊趨農急也
戴勝降于桑　鄭康成注戴勝織紝
之鳥是時恒在桑言
降者若時始自
天來重之也

穀雨

《二十四节气图》之谷雨（清·张若霭绘《墨妙珠林（卯）》，台北故宫博物院藏）

古代人对付风沙、雾霾也有妙招

古人对付风沙、雾霾的首选装备,大概要数面衣了。明人屠隆在《在京与友人书》文中称:"燕市带面衣,骑黄马,风起飞尘满衢陌。归来下马,两鼻孔黑如烟突。"

依屠隆所记,明朝时北京的气候已很糟糕,已有严重的沙尘、雾霾这类坏天气。

面衣是中国人最早发明的用来保护面部的一种服饰。早期面衣是专为女性而设计的。穿戴面衣的风俗,在先秦时即已出现。《礼记·内则》便有这样的说法:"女子出门,必拥蔽其面。"

当时女性外出,得把面部遮挡起来。虽然说这种"蔽面"要求是出于儒家所提倡的"礼",却意外地起到了挡避风沙、雾霾的作用,还可御寒保暖。

拥有一件面衣,在秦汉时已成为有身份女性的必备品,出远门必穿戴。

据汉人刘歆著《西京杂记》记载,汉成帝刘骜宠妃赵合德在其姐姐赵飞燕成为皇后时,所送的一批高档奢侈品中就有一件"金华紫罗面衣"。

民间的女性所用的面衣比较简单,一般用普通布纱裁制而成。考虑到包裹的需要,面衣的布幅都较宽大,故又有"大巾""巨巾"的叫法。

这种面衣很大,穿戴在胸前时可把膝部都盖起来,故又称"蔽膝"。

面衣其实就是一块大方巾,使用时覆盖在头上,用带子系紧。

《小尔雅·广服》称:"大巾,谓之幂。"

"幂"是什么?就是古人的"覆头之物"。"以覆其头"这种用法让面衣又有了"盖头"的别称,后世婚俗中新娘子的"红盖头"即由此流变而来。

面衣本是女性服饰,魏晋以后,男性冬天出行时也有人使用面衣。

与以前相比,魏晋以后面衣遮蔽沙尘的功能较为突出,往往用较薄的

戴帷帽出行的唐朝贵族女子（传唐·李昭道¹绘《明皇幸蜀图》，局部，台北故宫博物院藏）

---

1 一说为李思训绘。

纱罗裁制。由于稀薄、透明，面部容易让外人看见，面料多选用遮蔽效果较好的黑色罗纱。

面衣到宋朝又称作"面帽"。宋高承在《事物纪原》卷三"冠冕首饰部·帷帽"条称："又有面衣，前后全用紫罗为幅下垂，杂他色为四带，垂于背，为女子远行、乘马之用，亦曰'面帽'。"

明清时的面衣更有设计感，既实用，又巧妙。从明末王圻《三才图会》所载绘图来看，明朝的面衣多以质地厚实的布帛为之，中间开孔部分缀以黑纱。

古人帽子的"政治色彩"

中国人从明朝起才普遍戴帽子的，这得益于明太祖朱元璋的力推。以前不论男女，多戴头巾。

明朝最流行的帽饰有三种，分别是"一统河山"巾、"四方平定"巾和"六合一统"帽。前两种名为"巾"，实也是帽。

这三款帽子都是朱元璋力主推广的。其结构、形制均简单，但内涵却不简单，象征江山统一，国家稳定，带有明显的政治色彩——朱元璋推广帽子是有目的的。

"一统河山"巾是一种网巾帽。据明代郎瑛的《七修类稿》记载，有一次朱元璋在京城附近微服私访，行至南京光华门外的神乐观，见一道士在灯下结网巾，便问那是什么。道士回答："网巾，用以裹头，则万发俱齐。"

"万发俱齐"这一说法令朱元璋很高兴，次日即颁行全国。

朱元璋青睐网巾帽，与其戴法有关：网巾帽造型如同渔网，网口用布

明朝南京街市上男性多头戴"四方平定"巾（明·仇英绘《南都繁会图》，局部，中国国家博物馆藏）

收边，边上缀有小圈，将绳带穿入圈孔，用时两头拉紧就可将头发束起，民间趣称为"一统山河"。

朱元璋看中的，正是这"一统山河"之意。

"四方平定"巾则是一种便帽，也因名字吉利而被推广。《七修类稿》称，明初书画家杨维桢戴此帽见朱元璋，朱元璋好奇地问帽子叫什么。杨维桢信口诡诙，称"此四方平定巾也"。朱元璋极高兴，遂将其定为明朝公务员、文人等群体的专用首服。

而明朝最为大众化的帽子，则是名叫"六合一统"的小圆帽。它比"四方平定"巾出现得要早。

此帽由裁为六瓣的等比例布料缝合而成，下缀一道帽檐收口，官称"六合一统"。这种帽子因纹线、形状如西瓜，俗称"瓜皮帽"。

瓜皮帽由朱元璋亲手设计。明代陆深的《豫章漫钞》记载："今人所戴小帽以六瓣合缝，下缀以檐如詹。阎宪副闳谓予言，亦太祖所制，若曰'六合一统'云尔。"

古人穿皮衣的讲究

古人穿裘衣似比现代要讲究得多，不同身份着不同裘衣，不同场合穿的裘衣也有区别。清人刘廷玑的《在园杂志》称："古裘有五，大裘、黼裘、良裘、功裘、褒裘。大裘用黑羔皮为之。"

这五大裘用今天的服装术语来说，就是五种皮衣款式，是在五种场合穿的。

其中的"褒裘"是加长款，为古人居家常穿的御寒皮衣，在周代就有了。《论语·乡党》称："褒裘，长，短右袂。"褒裘的两只袖子长短不一。人们习惯用右手，故右袖短一些，以方便在家做事。

古代有身份的人，除了裘衣用料考究外，在搭配上也有讲究。如贵重的狐皮大衣配廉价的羊皮袖子，即所谓"狐裘羔袖"，就会让人笑话。

《史记·田敬仲完世家》中有这么一个说法："狐裘虽敝，不可补以黄狗之皮。"

《论语·乡党》称："缁衣羔裘，素衣麑裘，黄衣狐裘。"这是什么意思？在古代，御寒皮衣的毛一般向外，不可以直接单穿，要在裘外再罩一层衣服。这罩衣古人称为"裼衣"，是穿皮装的标配。缁衣、素衣、黄衣都是裼衣。这么说来就是：穿羔裘外面要穿黑色的裼衣；穿麑裘则搭配白色裼衣；如果穿狐裘，裼衣便要是黄色的。东汉学者郑玄就此注称："缁衣羔裘，诸侯视朝之服。"

用青色布帛为表、羔皮为里的冬衣则叫"青羔裘"。这是秦汉时贵族的冬装，是身份的象征。汉人刘歆的《西京杂记》记载，有人献弹棋，汉成帝十分高兴，"赐青羔裘，紫丝履，服以朝觐"。

先秦时，还流行用白色丝带即"素丝"装饰皮衣缝。《诗经·国风·召南》中的《羔羊》称："羔羊之皮，素丝五紽。"

用素丝装饰的羔羊裘叫"英裘"，是一种精美的皮衣。

清末街头的旧衣摊（19世纪中国外销画《各样人物图册》，大英图书馆藏）

古人雨天外出真的穿蓑衣吗

在古代影视剧中，古人雨天出行都穿着草制的蓑衣。其实，高级一点儿的雨衣不用莎草、蒲葵制作，而用绢丝制作，外涂油脂，所以被称为"油衣"，后期则涂刷桐油，甚至油漆。油衣避水性极好，与现代雨衣的功能十分接近。

雨衣起源于何时？据《左传·哀公二十七年》，当年陈成子率齐军途中遇到大雨，他当时就是身着雨衣，即所谓"成子衣制，杖戈，立于阪上"。晋人杜预就此条注称："制者，雨衣也。"

油衣也称"油衫"，用桐油涂绢绸制成，故亦称"油绢衣"。据《宋会要辑稿》"后苑造作所"条记载，北宋皇家设有各种制作器具的作坊，其中就有"油衣作"。宋朝一些富家子弟，雨天出行很爱穿油衣。

《西湖老人繁胜录》记述了南宋都城情形："遇雪，公子王孙赏雪，多乘马披毡笠，人从油绢衣。"

油衣何时进入民间的？汉人崔寔的《四民月令·五月》中有这样的说法："以竿挂油衣，勿襞藏。"意思是，要用竹竿把油衣挂起来，不要叠起来收藏。可见，至晚在东汉时，这种高级雨衣，民间已有使用。但民间普遍用起油衣，应该在唐宋以后。

宋人孙光宪的《北梦琐言》中有一则"孔拯避雨"的故事：孔拯去借油衣，被借人家"未尝置油衣，然已令铺上取去，可以供借也"。虽然家里没有备油衣，但这户人家很够意思，派人出去买了。这段话至少透露出两个信息：一是时人家里一般都会备油衣，二是当时街头店铺已有油衣出售。

明清时，油衣已是百杂店常销货，北京、南京这些大城市无不售油衣。如在北京，出名的有"窦氏油衣"。清张子秋的《都门竹枝词》称："雨衣油纸家家卖，但看招牌只一家。你也窦家我也窦，女娼男盗尽由他。"因为窦氏油衣好卖，当时不少商家都打出窦家招牌，出现冒牌油衣。

到清朝时，防雨服装的种类更为丰富。除雨衣外，还有"雨裳"，从皇帝到百姓都能穿，以颜色区别等级。《大清会典》规定："皇帝雨裳，明黄色，油绸，不加里，左右幅相交……"皇族、一品大员则穿红色雨裳，二品以下文武官至军民皆穿青色的。

民间还出现了"雨裙"，用油布制作，使用时裹在裤裙外面。清代李海观的小说《歧路灯》第五十七回就有借雨具情节："我无事不来，今日特来问谭爷借雨帽、雨衣、雨裙，俺家里要走哩。天晴就送的来。"

可见，雨裙与雨衣、雨帽是时人完整的雨天出行装束。

古代街头雨具店（明·仇英绘《清明上河图》，局部，辽宁省博物馆藏）

古人为什么随身带梳子

梳子是古今人均少不了的日常用具，但它在古人生活中的重要程度远超现代。古人称梳子为"梳刷"。

民间传说，梳子是黄帝次妻方雷氏发明的。这种说法显然不可信。不过，从现代考古发现来看，中国人用梳的历史确实很早，在史前遗址中多有出土，比牙签、耳勺出现得还要早。

从考古发现来看，不论是北方还是南方，都很早就开始使用梳子了。梳子被广泛使用，应与古人对毛发的推崇有关。后来形成的儒家文化，便特别看重头发。据《孝经》载，"身体发肤，受之父母，不敢毁伤，孝之始也"。不是特殊情况，古人是不剃发的。

古人理发必用梳。

梳子又被称为"栉"。"栉"是后来分出的梳子和篦子的统称。梳与篦的区别仅是齿的疏密和粗细不同，此即《释名》所谓"梳，言其齿疏也；枇，言其细相枇也"。古代男女，梳子不混用，否则不合礼仪。《礼记·曲礼上》即要求男女"不同巾栉"。

古人大都会随身带梳子，并不仅为梳理头发，还有养生的需要。梳子在古代是一种养生工具。《黄帝内经·灵枢》有一种说法："皮肤坚而毛发长。"如出现"折毛发短"现象，健康就可能出问题了。

隋代巢元方在《诸病源候论》亦称："栉头理发，欲得多过，通流血脉，散风湿，数易栉，更番用之。"大概意思是，每天多梳头，可疏通血脉，祛病强身。唐朝著名医学家孙思邈也曾提出"发宜常梳"。

宋朝最注重养生的文学家陆游，平时就是梳不离身，随手可用。其在《杂赋》诗中称："觉来忽见天窗白，短发萧萧起自梳。"心情不好时，陆游也会梳头："客稀门每闭，意闷发重梳。"

苏东坡也特别相信梳头的养生作用。睡前醒后，苏东坡都爱梳头。其《六月十二日酒醒步月理发而寝》诗写道："千梳冷快肌骨醒，风露气入霜蓬根。"苏东坡认为，睡前梳头对睡眠有益："梳头百余下，散发卧，熟寝至天明。"

明清人对梳头的功用更在意。明代沈仕在《摄生要录》中称："发多梳，去风明目，不死之道也。"明代焦竑在其《焦氏类林》中总结出一种"神仙洗头法"："冬至夜子时，梳头一千二百次，以赞阳气，经岁五脏流通。"

从上述可知，古人为何身不离梳了。现代医学已证实，勤梳头确实好处多多。对老人而言，勤梳头还可预防痴呆症。

古代女子梳头场景（晋·顾恺之绘《女史箴图》，局部，大英博物馆藏）

四月

一钩初月告女竟

古代人的休沐卫浴

物至此时
皆假大也

立 夏

本月节气

　　立夏是二十四节气中的第七个节气，是夏季的首节。

　　此时，地球绕太阳公转轨道至黄经45°，"斗指巽（东南）"，一般在每年的阳历5月5日至7日交节。

　　立夏，阴历多在四月，故《月令七十二候集解》称"立夏，四月节"。

　　立夏与立春一样，是定义季节的首节。立夏是一年四季中夏季的开始，到立夏就到"夏"这一站了。立夏后日照时间增加，气温快速升高，万物进入生长旺季，此即所谓"物至此时皆假大也"。

　　立夏三候：一候蝼蝈鸣，二候蚯蚓出，三候王瓜生。意思是，到立夏节气以后，田间能听到蝼蝈的鸣叫声了，蚯蚓从土中钻出来了，院里的王瓜藤蔓开始往上攀爬了。

立夏

螻蟈鳴 鄭康成注螻蟈蛙也淮南子注四月陰氣始動於下故類應鳴
蚯蚓出 淮南子注蚯螾蠢螟也
王瓜生 鄭康成注王瓜萆挈也淮南子注王瓜色赤感火之色而生

《二十四节气图》之立夏（清·张若霭绘《墨妙珠林（卯）》，台北故宫博物院藏）

古代的休假与"黄金周"

在古代中国,是没有"星期天"的概念的,但"休息日"一直存在。

古人享受休假的历史比较早,至迟在秦汉时期已有一套相对成熟的公务员休假制度,与现代休假制度十分接近。不同的是,古代当差五天只能休息一天,不像现在可以休息两天。叫法也不一样,现代叫休假、放假,古时称为"休沐""洗沐"。

为何把休假称为休沐?一个"沐"字便透露出了端倪:定期让公职人员回家洗头、洗澡,搞个人卫生。

最先享受休沐制度的人群应该是给皇家当差的"公务员",即所谓"中官",也叫"内臣"。他们给皇家当差,但宫内并没有为他们专设的洗澡之处。冬天还好,到了气温很高的夏季,他们长时间不洗澡,身上异味难闻,嫔妃、皇子和公主们是受不了的。所以,皇家便让他们定期轮流回家洗澡。休沐制度由此推广开来,并形成了一种国家休假制度。

唐人张守节在其《史记正义》中所记的"汉官五日一假洗沐也",说的就是这事。

除了"五日一假",汉朝还有"十天制",即工作十天休息一天。

出于不同的动机,汉朝时有的人会主动放弃休假,连续值班工作。汉哀帝刘欣时期的董贤就是这样。董贤是太子舍人,休沐日都不回家洗澡,一心陪侍皇帝。

除了休沐这样的定期轮休,过去还有例假。

据《汉书·薛宣传》记载,二十四节气中的夏至和冬至是汉朝的法定例假,各放假五天,到东汉和帝时增设"伏日"。

唐朝时,清明节被列入国家法定节假日。唐肃宗李亨在位时,清明假期变长,清明和寒食节连在一起放假四天,成了最早的"黄金周"。

唐朝人出游场景（五代·赵嵒绘《八达游春图》，局部，台北故宫博物院藏）

假期最多的唐朝人 放假爱去哪儿玩

外出游玩始终是节假日的主题，古代亦然。

在古代中国，由于受交通工具限制，人们节假日多选择短距离的郊游活动。

在节假日天数最多的唐朝，人们节假日就爱郊游，热情也最高。如今不少唐代墓葬壁画上都有郊游和野餐的场景，歌咏郊游的唐诗更是数不胜数。

从春到夏，由秋至冬，唐人都喜欢去郊外游乐、玩赏。其中，到长安城南的曲江游宴，则是唐人节假日里最时尚的一种活动。现在西安曲江区搞的大唐不夜城，就再现了当年的胜景。

杜甫《丽人行》一诗描写的就是时人利用节假日游曲江景区的情形：

"三月三日天气新,长安水边多丽人。"不只女孩子喜欢去,当时的官宦文人也都爱去曲江宴饮游赏。官至翰林学士、左赞善大夫的诗人白居易,在长安时每年都要游曲江。《白居易全集》中,与"曲江"有关的诗作多达六十余首,可见白居易对郊游之喜爱。

与白居易一样,当时的许多文化名人,如元稹、韩愈、张籍等,都是曲江景区的常客。每当春雨初霁、繁花满树时,韩愈便会兴致勃勃地邀请白居易、张籍去郊游宴饮。长庆二年(公元822年)春,白居易因故未去,韩愈、张籍为白居易未欣赏到春意盎然的美景而惋惜。郊游回来后,韩愈特作《同水部张员外籍曲江春游寄白二十二舍人》诗,问白居易:"曲江水满花千树,有底忙时不肯来?"

不几日,白居易主动邀请韩愈和张籍再游曲江,写下了《酬韩侍郎、张博士雨后游曲江见寄》诗,作为对之前未能一起去游玩的解释。

古代人怎么洗澡

古代的大众浴室又叫公共澡堂,古代很早就有公共澡堂了。但早期浴室都是供僧人使用的,后来才流行到社会上。

一般认为,到北宋时才出现真正的大众浴室。

也就是说,从北宋起,普通人便可以上公共澡堂了。泡澡堂由此成为一种风俗,一直流行到今天。

宋朝的公共澡堂以京师汴梁(今河南开封)数量最多,多为"浴堂"。从宋人所撰笔记来看,当时的公共澡堂与今天已无多大差异。因为时人喜欢泡澡,还发生了不少恶劣事件。

古代街头浴室，取名"清净浴堂"（清院本《清明上河图》，局部，台北故宫博物院藏）

南宋人洪迈的《夷坚志补》"京师浴堂"，写的便是宋徽宗宣和初年的"黑澡堂"故事。《夷坚志》的"浴肆角筒"中也提到了当时汴梁街头的公众浴室。

虽然洪迈所述系小说，不必当真，但从中可以看出当时京城公共浴室已很普遍。

北宋时在京城开浴室很流行，除了叫"浴堂"，有的还称作"浴肆"，美称"香水行"。到南宋时，香水行已很发达。南宋人灌圃耐得翁在《都城纪胜》里谈到临安（今杭州）各行各业时称："市肆谓之'行'……又有异名者，如七宝谓之'古董行'，浴堂谓之'香水行'是也。"

香水行不只开浴室，还卖"面汤"。所谓面汤，并非小吃，乃大家常用的洗脸水。可见当时已出现城市商业供热，需要热水时直接到澡堂买。

为什么宋朝京城会有那么多人家经营浴室？这应该与燃煤的开发和利用有一定关系。

煤炭当时称为"石炭"，相比柴草燃料，不只成本低、火力猛，加温亦快。宋人庄绰的《鸡肋编》称："昔汴都数百万家尽仰石炭，无一家燃薪者。"像徐州、延安这些现代煤炭产区，当时已出煤，为城市冬天供暖供热提供了新能源。

顺便说一下，因为家家烧煤，污染也重。当时延安一带有"沙堆套里三条路，石炭烟中两座城"的说法。

在经营人工浴室的同时，宋人还积极开发天然温泉。如当时的福州，温泉开发力度就很大，宋仁宗嘉祐年间全城有四十余家温泉浴室。

这种温泉浴室称为"汤"，有"官汤"和"民汤"之分。

官汤一般由寺庙负责，浴客都是公务人员。宋徽宗崇宁二年（公元1103年）进士、福州名人陆藻曾于宣和六年（公元1124年）在福州秘书巷附近的温泉坊重修温泉浴室四间，明说"非衣冠不许游也"。

民汤则属于大众浴室系列，是身上没几个铜板的老百姓们泡温泉的地方。

古人用什么洗头、洗脸

搞个人卫生，洗涤用品是少不了的。现代有香皂、洗手液、洗面奶什么的，古人用什么？

从史料记载可以知道，先秦时期中国人洗浴时所使用的是一种叫"潘"的用品。

《礼记·玉藻》中有这样的说法："日五盥，沐稷而靧（huì）粱。"

这句话里就透露时人所用的洗涤用品信息："沐"是洗头发，"沐稷"即用淘洗稷的水来洗头；"靧"即洗脸，"靧粱"就是用淘粱的水来洗脸。整个句子连起来理解，意思就是每天洗五遍手，用淘洗稷粱的水来洗头洗脸。

淘洗稷粱的水，其实就是今天所说的"淘米水"，古人又称其为"淅米水"。作为一种洗浴用品，古人专称其为"潘"或"潘汁"。东汉许慎《说文解字》称"潘，淅米水也"，就是这么回事儿。

"沐稷而靧粱"是先秦时对"君子"日常洗浴的要求，由此可以看出，"潘"这种淘米水还是一种高级洗涤用品。当时，用"潘"来给老人洗浴方能显示出对老人的孝敬。

淘洗谷物的水确有去污功效。这种先秦时的高级洗涤用品，经现代科技分析证实，含有"水溶性维生素"及"多种矿物质"，实是一种绿色营养型洗涤用品，还能消炎止痒呢。

根据淘米水所具有的这种特殊洗涤功能，古人还发明了多种以谷物为主的洗浴方式，如用淀粉泡澡的"淀粉浴"，用麸皮沐浴的"麸皮浴"。现在仍有人将淘米水作为洗手嫩肤的小妙招来使用。

物至于此小得盈满

小满

本月节气

小满是二十四节气中的第八个节气,是夏季的第二个节气。

此时,地球绕太阳公转轨道至黄经60°,"斗指巳",一般在每年的阳历5月20日至22日交节。

在二十四节气的名称中,"小满"是最特殊的。具体到以"小"与"大"命名的节气,相邻对应关系往往更直接——有"小"必有"大",即《易经·泰卦》中所说的"小往大来"。如小暑之后有大暑,小寒之后有大寒,但是小满之后并不是大满,而是"芒种"。

古人也已意识到这一点。明代郎瑛便直接提出了疑问:"二十四气……何以有小满而无大满也?"

其实,"小满"有"水满"与"浆满"两层意义。"水满"指此时南方暴雨始增,雨水丰盈,沟河水快要满了。"浆满"指此时北方地区的小麦作物进入灌浆期,籽粒渐渐饱满。

小满三候:一候苦菜秀,二候靡草死,三候麦秋至。意思是,到了小满苦菜花好看了,一些不经晒的小草在强烈的阳光直射下枯死了,而小麦则快要收割了。

苦菜秀 靡草死 麥秋至

淮南子注苦菜味
苦感火之味而成
薺薹蘼之屬孔穎
達疏以其枝葉蘼細故云蘼草
鄭康成注蘼草薺葶藶之屬
集說秋者百穀成熟之期此於
時雖夏於麥則秋故云麥秋也

小滿

《二十四節氣圖》之小滿（清·張若靄繪《墨妙珠林（卯）》，台北故宮博物院藏）

古人的枕头与凉枕

天热了,光换席子还不行,头下枕的枕头也要换。

古代人对"枕"很在意。《说文解字》称:枕,"卧所荐首也"。意思是,"枕"是垫在头下的物件。

从《诗经》来看,枕头在先秦时已是常见的寝具,如《唐风·葛生》中就有"角枕粲兮,锦衾烂兮"的说法。这种角枕是先秦时很流行的一种枕头,由牛角或鹿角做成,很上档次。

角枕并不是古人热天常用枕。那么,古人夏天都用什么枕头?首选当然是各种凉枕。

仅就质地来说,能"荐首"之物均可以做枕头。常见的是加柔软填充物缝制的布枕,四季可用。而降温效果比较好的,还是金、石、陶质地的枕头,其次是木、竹枕。

玉石枕能显示身份,降温效果亦好,古人很喜欢。据说清末慈禧太后入殓时所枕的就是翡翠枕头,雕成西瓜状,名曰"翡翠西瓜枕",后被军阀孙殿英盗出。

五代王仁裕在《开元天宝遗事》中所记的"夜明枕"也是一种玉石枕头:"虢国夫人有夜明枕,设于堂中,光照一室,不假灯烛。"虢国夫人是唐玄宗李隆基的宠妃杨玉环的三姐,从枕主人的身份看,夜明枕确是相当讲究的稀罕物。

玉石枕兼具艺术性与实用性,现在不少博物馆收藏有古人用过的玉石枕头,但这种枕头并不是普通百姓常用的。

古人祛暑用枕较为讲究也较为流行的,是可以降温安神的药枕。药枕多用菊花、荞皮、蚕矢、茶叶、决明子等中药材做芯,因其性凉,可清脑明目,更具有保健功能。这是普通人家也用的枕头,现在仍流行。

值得一说的是,古代中国人有不少发明创造,有一种"冷暖枕"就很讲究。这种枕头是一种瓷枕，枕头里面是空的或带有夹层，上有一个注水洞口。夏天，睡觉前将从井里刚打上来的凉水注入其中，上垫枕巾，头枕其上，凉爽宜人，此谓"凉枕"；到了冬天，则灌温热水于其中，此谓"暖枕"。

古人的床与凉床

床是继席子之后，出现最早的卧具。

"床"这个字在甲骨文里已出现，写作"爿"。早期的床坐卧两用。东汉许慎的《说文解字》即称："古闲居坐于牀，隐于几，不垂足，夜则寝，晨兴则敛枕簟。"

床一般用木材制作，故过去床写作"牀"。但出于祛暑考虑，也有用玉石、象牙、水晶等来制作的，这样的床躺在上面凉爽宜人。

"石床"就是古人认为最好的夏用降温寝具之一，南朝宋武帝刘裕有"热病"，坐卧都需要用降温物品，有人便献石床，"(宋武帝)寝之，极以为佳"。但刘裕出身贫寒，是位布衣皇帝，认为献石床太腐败，遂将石床打碎。

用玉石制床是有传统的。据说，商朝最后一位君主纣王就用过玉床，《世本》称为"纣作玉床"。

"象牙床"又比石床要高级多了。据《战国策·齐策三》"孟尝君出行国至楚"，当年孟尝君巡行到楚国，楚国送给他一张象牙床，一个姓登徒的人被派去送床，因为"象床之直千金"，太贵重，不敢去，怕万一有闪失，"卖妻子不足偿之"。可见，象牙床在先秦时就是珍稀床具，价值连城。

上述床具并不是功能单一的凉床,古代夏天有专用的凉床。

凉床俗称"小床",实是一种简易单人床,也称为"榻",以有别于常规卧具和双人使用的"大床"。

古代的凉床是什么样的?有箱式和框架两种结构,一般以木板为面。北京故宫博物院所藏宋代《槐荫消夏图》中便有一张凉床,是框架结构的榻。此凉榻比较讲究,后置一座山水独屏。

类似的凉榻在宋朝很流行,南宋马和之的《荷亭纳爽图》中的凉床也是这种结构。这种榻属于板榻,没有常见的围子,故古人又称之为"四面床"。

还有一种"弥勒榻",古人夏天也多当凉床用,也叫"罗汉床"。四面床应该是这种罗汉床去繁就简、去了围子后形成的榻。

民间使用的凉床则多用藤、竹制作,其中竹床、竹榻在南方最常见。这种凉床现在也很流行,一般人家都有。

古代还有一种"胡床",也是古人夏天常用的睡具。

南宋词人程垓在《小桃红》中便称:"珍簟小胡床,待日长闲坐。"所谓珍簟,就是珍贵的竹席;而所谓"胡床",其实不是床,更似现代夏季老人休息时常用的躺椅。

古代的公共厕所

不必讳言,厕所与食堂一样,是人们每天都要去的地方。

东汉许慎《说文解字》称"厕,清也"。意思是,厕所是清除污物的地方。厕所有公厕和私厕之分。学术界有一种观点,认为最先出现的应该是公厕，而非私厕。

公厕又叫官厕。中国最早的公厕之一是建于道路旁边的厕所，即所谓"路厕"。

先秦时的公厕已有具体的选址和建筑标准。

《墨子·旗帜》称："于道之外为屏，三十步而为之圂，高丈。为民圂，垣高十二尺以上。""屏"就是围墙作厕；"圂"则是古人对厕所的另一种叫法。

墨子所在年代的公厕应该是一种标准化厕所，规格统一：围墙周长为"三十步"，超过40米；高一丈，超过2.3米。

这是供军人使用的公厕。如果是民厕，围墙更高，达一丈二，超过2.7米。

这么高的围墙，想偷窥是很困难的，可见古人很早就考虑到了如厕时的隐私保护。

从"民圂"一说还可知道，古代厕所除了建在路边，还流行建在猪圈附近。"圂"即猪圈旁边的厕所，这种厕所选址理念古今通用。

《汉书·刘旦传》记载，燕刺王刘旦谋夺皇位失败前，家里厕所中跑出了一大群猪，被视为"凶兆"。这背后反映的，是厕所与猪圈建在一起的社会风俗。

古代的豪华厕所

南京新街口商圈有个网红厕所,据说仅装修就花了1200万元。当然,这是商家吸引人的噱头。不过,那厕所确实豪华,很多人进去不是因为内急,要方便,而是想开开眼界。

其实,中国古代也有这类豪华厕所,令时人惊讶——原来如厕也这么讲究。如晋武帝司马炎之女舞阳公主家的厕所就因为太豪华、太讲究,使第一次上门的新姑爷大将军王敦闹出了笑话:厕所内放有干枣,供塞鼻子用,王敦以为是供如厕时吃的零食,结果全吃了;出来后,婢女端来洗手的肥皂(澡豆)水,结果他当茶水一饮而尽。

这是南朝刘义庆的《世说新语》中记录的故事,并不是编撰出来的。

在古代中国,有两个高级厕所最有代表性,值得说说。

一是赛阔比富之风大盛的西晋时期全国首富石崇家的厕所。

据《晋书·刘寔传》记载,石崇家的厕所"有绛纹帐,裀褥甚丽,两婢持香囊";如厕者方便后,还要更衣,换上新装。

刘寔是当时的朝中重臣,没上过这样的厕所,误以为进入了石崇的卧室。刘寔不习惯,在这样豪华的卫生间拉不出屎,最后找了普通茅厕方便。

二是明朝时浙江湖州农民穆太公建的公厕。

穆太公是浙江湖州乌程县的农民,他在家里建了三间厕所,里里外外粉刷、装潢一新,比乡人的卧室还干净、舒适。他还请人题诗作画,张贴于厕壁上,"登一次新坑,就如看一次景致"。凡来上厕所的,还可免费得到手纸。

穆太公建的公厕很高级,服务又好,久而久之,打出了"新坑穆家"厕所品牌。不少女士也想上这样的厕所,便询问有无女厕。为满足其需求,穆太公又盖了一间女厕所。穆太公建这么好的厕所,仅为收集粪便——他看准了"厕所经济",靠卖大粪发了大财。

古代城门旁边敞棚茅厕（见红圈内），一人正在进入，一人正在大便
（清·佚名绘《苏州市景商业图册》，局部，法国国家图书馆藏）

穆太公盖高级厕所的故事出自明末清初佚名小说《掘新坑悭鬼成财主》。虽然是小说，但并没有脱离现实，因为当时确实出现了豪华厕所。

明人顾元庆的《云林遗事》便介绍过这种厕所："其溷厕，以高楼为之，下设木格，中实鹅毛。凡便下，则鹅毛起覆之。一童子俟其旁，辄易去，不闻有秽气也。"

用鹅毛覆盖排泄物，排出后立即有人换掉，整个厕所无臭味，六星级公厕也不过如此。

五月

古时候
的宫廷秘闻

芒种

本月节气

有芒之种
谷可稼种矣

芒种是二十四节气中的第九个节气，是夏季的第三个节气。

此时，地球绕太阳公转轨道至黄经75°，"斗指丙"，在每年的阳历6月5日至7日交节，农历一般在5月，故古人称之为"五月节"。

为什么叫"芒种"？《月令七十二候集解》给出的解释是"谓有芒之种谷可稼种矣"。意思是，稻、黍、稷等带芒的作物应该播种、栽插了。

其实，芒种的含义不只在此。芒者忙也，故民间还称之为"忙种"。此时正是俗话说的"三夏大忙"（夏收、夏种、夏管）时节，小麦要收，水稻要栽。农民非常忙碌，南方"栽秧割麦两头忙"，北方"收麦种豆不让晌"，故农谚称"芒种忙，忙着种"。

值得注意的是，芒种时高温已至，雨水大增，人尚不适应，但农时还不能耽误。所以芒种时节农民很辛苦，睡觉、吃饭都得抢时间，真是"忙死了"。

芒种三候：一候螳螂生，二候䴗始鸣，三候反舌无声。意思是，小螳螂破壳出生了，田野上出现了伯劳鸟的鸣叫，喜欢模仿其他鸟叫的反舌鸟反而没声响了。

螳螂生 鵙始鳴 反舌無聲

鄭康成注螳螂螵蛸母也四時氣候云虾蟲之陰者感一陰之氣而生也淮南子注鵙伯勞也五月陰氣生下伯勞夏至應陰而鳴鵔陰淮南子注反舌能變易其聲以效百鳥之鳴故謂反舌無聲者五月陽聲極于上微陰起于下百舌無陰故無聲也

《二十四节气图》之芒种（清·张若霭绘《墨妙珠林（卯）》，台北故宫博物院藏）

明神宗的"懒"与
雍正皇帝的"勤"

古代上班族中,高级公务员上班叫"上朝",低级公务员工作才称"上班"。

皇帝与臣僚日常工作和议事的地方被称为"朝廷",臣僚到朝廷参与议事活动为"上朝"。

明人梅膺祚的《字汇》称:"朝(cháo),晨朝(zhāo)也。人君视政,臣下觐君,均贵于早,声转为朝也。"虽说读音不同,但君王视政都是于早上卯时(5时至7时)到朝殿的。

皇帝卯时上班,先秦时已这样。《诗经·齐风》中那首《鸡鸣》称:"鸡既鸣矣,朝既盈矣……东方明矣,朝既昌矣。"意思是鸡已叫了,天亮了,上朝的官员都已经到了,开始忙碌了。

可见,古代皇帝也要按时上下班,如不早朝或做做样子就退朝,就是史家眼里的"昏君"。

如明万历皇帝朱翊钧当了四十八年皇帝,近三十年不上朝,史上罕见。其死后谥号为"神宗",真的神了!史家称"明实亡于万历"是有道理的。

当然,朱翊钧这样的"懒皇帝"并不多,大多数皇帝都很勤奋,对自己要求很严。明朝开国皇帝朱元璋就是一位十分勤奋的皇帝,不只准时上下班,还经常加班熬夜批阅奏折。

在古代皇帝中,要说上班最勤的,当然要数清朝的雍正皇帝。

雍正皇帝名叫爱新觉罗·胤禛,雍正是他当皇帝时的年号。《清世宗实录》称赞他说:"从古郅隆之代,罕有比拟;从古忧勤之圣,亦罕有等伦。"日本人对雍正极为尊重和推崇,称他为"稀世仁君"。这不仅因为雍正治国有道,也与他的勤奋有关。

清朝雍正皇帝在圆明园观赏龙舟竞赛（清·郎世宁绘《雍正十二月行乐图》之《五月竞舟》，局部，北京故宫博物院藏）

    雍正一年只给自己放三天假，即冬至日、除夕和他的生日万寿节。每天除了睡觉，其余都是他的工作时间，皆准时上朝。

    他每天晚睡早起，最早凌晨两点就起来了，正常在凌晨四点起床。凌晨五点，大臣开始陆续进宫。雍正用过早膳后，便上朝与臣僚商议政事。下午时间，他主要用来批阅奏折。白天没忙完的事情、没看完的奏折，他晚上会继续处理。据说，他一生用坏了40副眼镜。

    雍正在位十三年，批阅的奏折超过10000份，每份奏折上都有批字，有的甚至达1000多字。据学者统计，在位十三年间，雍正所写的奏折批语加起来超过1000万字，是中国400多位封建皇帝中最多的。

皇帝吃饭"摆谱"

皇帝贵为人间天子，如何吃饭？是不是如普通人家那般，一家老小围坐一桌？吃的都是山珍海味、满汉全席？

"皇帝怎么吃饭"这个话题过去是皇家机密。

各个朝代的皇帝有各个朝代的吃法。饭菜的丰盛程度和搭配方法也因皇帝们的口味和喜好的不同而有异。

目前知道得比较多的是明清皇家的吃法，不少读者应该都从宫廷剧中看到过，但真实的情况与现代影视剧中再现的并不相同。

皇帝并不都是一日三餐，有的多，有的少。如清朝皇帝一般每天只吃两顿饭，即早膳和晚膳。

皇帝自称孤家，吃饭时也是自己一个人在专设的桌子前单独进餐，民间俗称"吃独食"。

虽然皇帝喜欢吃独食，但吃饭时旁边会有侍候的宦官——侍膳太监。因为菜太多，桌子摆得满满的，皇帝用餐时远处的菜便够不着。但不必担心，皇帝吃饭时并不用自己夹菜，太监会送到嘴边。

皇帝用膳时，除了太监在场，不远处还会站着听赏的人，如宠臣、皇子。

皇帝不想吃或是一时高兴，更多时候是吃不完，就会把美食赏赐下去。被赏的人只能在另设的桌子前站着吃完。因为是皇帝赏的，即使不饿、不想吃也得吃，而且要表示"味道好极了"。

早期帝王吃饭时还会有乐队助兴，后来只有在皇帝生辰或庆典活动的餐会上才会用乐。但皇帝吃饭时摆谱的习惯一直被发扬光大，直到晚清仍是如此。

关于皇帝如何吃饭，末代皇帝溥仪在其自传《我的前半生》中有很详细的交代。现在清宫戏中的皇帝用膳场景，多是根据溥仪的记述来拍的。

清朝标准御膳，每顿饭有120道菜，要摆三张大桌，这叫"摆谱"。

清朝皇家宴会场面（清·姚文瀚绘《紫光阁赐宴图》，局部，北京故宫博物院藏）

此外还有主食、点心、果品等。

后来，有的皇帝觉得这样太浪费，将120道减为64道。慈禧太后的老公奕詝当皇帝时，又将其减为32道。奕詝死后，垂帘听政的慈安太后再次将其减为24道。

慈安太后死后，独揽大权的慈禧太后又摆起了谱，恢复了每顿饭百道菜的老规矩，一顿饭少说要花200两银子。

"摆谱"也由此成了彰显阔气、有钱的代名词。又因皇帝的权威，摆谱还是老资格的体现。

清朝皇帝用金碗、金勺（乾隆年制，清宫遗物，北京故宫博物院藏）

皇家为什么喜欢用"银饭碗"

皇家餐具是十分讲究的，以金银器为主，即使是陶瓷制品，也是上好的质地。

其中，金质碗、碟、盘等器皿最能显示皇家的气派，故而皇家都喜欢"金饭碗"。如果改用其他质地的器皿盛饭菜，会惹主子生气的。清顺治皇帝御制《端敬皇后行状》中透露了当初废掉皇后博尔济吉特氏的情况，"罪状"之一就是她"癖嗜奢侈"，"尝膳时，有一器非金者，辄怫然不悦"。

除了金器，银器在皇帝的餐具中也占有很大比例。

为什么皇帝爱用"银饭碗"？因为银有验毒功能。

历史上并不乏皇帝被人在饭菜中做手脚而中毒的事件。《资治通鉴·晋纪八》记载，汉惠帝司马衷"食饼中毒，庚午，崩于显阳殿"。

皇家为了保证食物的安全，通常有两种办法。一是在皇帝用膳前让别人先尝，这差事往往是侍膳太监的分内事，叫作"尝膳"。如果有毒，皇帝就可躲开毙命的危险。二是餐前验毒，常用工具就是银器。

清宫用来盛装御膳的器皿外会挂一个小银牌，拿开食物的盖罩后，太监会当着皇帝的面把银牌放进汤菜里试一下。末代皇帝溥仪证实了这一点："每个菜碟或菜碗都有一个银牌，这是为了戒备下毒而设的。"

饭菜中若有毒，银牌立刻就会变黑。

现代科学已证明，这种方法简单而有效，因为银碰到硫化物会起化学反应，生成黑色的硫化银。过去常用的毒药往往含有硫化物，如砒霜（三氧化二砷），所以用银器测毒很灵验。

夏至

本月节气

> 万物于此皆假大而至极也

DAILY LIFE IN ANCIENT CHINA
一〇二

    夏至是二十四节气中的第十个节气，是夏季的第四个节气。

    此时，地球绕太阳公转轨道至黄经90°，"斗指午"，一般在每年的阳历6月21日至22日交节。

    这天，正午太阳位置最高，阳光几乎直射北回归线，地球北半球的白昼时间最长，黑夜最短，到了极限值。过了夏至，太阳直射点便开始南移了，即所谓"日北至，日长之至，日影短至，故曰夏至"。

    但作为节气的夏至，并非因太阳到达极致位置而得名，而是由于此时农作物生长的变化：气温急剧升高，农作物进入快速生长阶段，到了极限。所以，《月令七十二候集解》称："夏至，五月中。《韵会》曰：夏，假也；至，极也；万物于此皆假大而至极也。"

    夏至三候：一候鹿角解，二候蜩始鸣，三候半夏生。意思是，鹿角开始脱落，雄性知了鸣声四起，半夏这类喜阴植物生出来了。

夏至

鹿角解 四時氣候云鹿陰
類感陰而角解也
半夏生 四時氣候云半夏因居夏
之半而生故以為名也
蜩始鳴 淮南子注
蟬鼓翼
始鳴也

《二十四节气图》之夏至（清·张若霭绘《墨妙珠林（卯）》，台北故宫博物院藏）

妃子是怎么选出来的

都说皇帝"三宫六院七十二妃",在现代人拍的古代宫廷剧中,也可以看到皇帝的后宫总有如云的靓丽妃嫔。

那么,皇帝的妃子是如何选出来的?史书上记载的内容并不多。

一般来说是"两层制":上层官员私访,下层官员上报。这"上报"程序到后来就形成了"选送"现象。

东汉时,宫妃采选形成了相对稳定的制度,每年都会从民间择优选出大量美貌女子,供皇帝御幸。

东汉宫妃的采选时间一般安排在当年的阴历八月。由于八月是当时固定的"算赋月",时人习惯称皇帝挑妃子为"算人"。

皇帝选妃子是朝中大事,所以设有专门的机构,由掖庭丞、相工等具体的办事人员组成。掖庭丞是管理皇帝后宫的官员,一般由太监或年长的宫妇担任。后来担任此职的宫妇也有叫"女尚书"的。相工就是懂相面之术的人,有点儿类似于现代评选活动中的评委。

选妃多少,要看皇帝本人的意愿。隋炀帝选妃,即便大灾之年也不停止。《隋书·炀帝纪》记载,公元612年是大旱灾年,而他选妃照样进行,"密诏江、淮南诸郡阅视民间童女,姿质端丽者,每岁贡之"。

给皇帝选妃子的掖庭丞,到唐朝有了一个很好听的称呼——花鸟使。时人元稹所写诗句"天宝年中花鸟使,撩花狎鸟含春思"中的"花鸟使",就是指这个负责给皇帝选妃的掖庭丞。任花鸟使的,一般是宫女、太监或女宦官。

选妃有一个硬性标准,即年龄要在13岁以上,一般为15岁。

汉武帝当年"掖庭三千",标准就是15岁以上、20岁以下,要长得清纯、漂亮。

汉朝后宫，美女如云（宋·赵伯驹绘《汉宫图》，局部，台北故宫博物院藏）

史上最狠宫斗是哪出

宫斗是历朝历代都有的,那么最狠的宫斗是在谁的后宫发生的?刘邦的后宫。

刘邦的皇后是吕雉,但刘邦最喜欢的女人是戚夫人,她们俩都是在刘邦未当皇帝前就跟着他了。刘邦当了皇帝后,吕皇后和戚爱妃之间就开始明争暗斗起来。

起先戚夫人占上风,刘邦每次外出都让戚夫人陪侍,而把吕后丢在后宫。本来刘邦已立吕后的儿子刘盈为太子,戚夫人却想让自己10岁的儿子刘如意继位。刘邦也不看好刘盈,觉得其性格不像自己,而刘如意却很聪明,有自己年轻时的样子。刘邦把自己想废太子之事拿到朝中商议时,如果不是有口吃的大臣周昌冒死力谏,戚夫人在宫斗中差点儿就赢了。

虽然后来戚夫人又多次向刘邦提出立刘如意为太子的事情,但年老的刘邦心有余而力不足。因为在吕后的精心策划下,太子的势力已形成,没有办法废了。年幼的刘如意被迫离开京城,到三千里外的封地为王。

刘邦死后,刘盈继位,史称"惠帝"。贵为太后的吕雉卷土重来,"最毒妇人心"便表现出来了。

此时戚夫人已无力与吕后斗。吕后做的第一件事情就是把戚夫人罚为奴隶,并让人用钳子把她的一头秀发统统拔光,然后罚她去舂米劳动,限每天要舂一石,如果少半升则要打她一百棍。

据《汉书》记载,自知命运不济的戚夫人悲从中来,感慨道:"子为王,母为虏,终日舂薄暮,常与死为伍,相离三千里,当谁使告女?"

吕后闻讯,心生毒计,把戚夫人的儿子刘如意召进京城毒死了。刘如意死时七窍出血,连已称帝的刘盈看着也于心不忍,大哭了一场,并用王的礼仪将同父异母的弟弟葬了,谥号"隐王"。

但吕后觉得这样还不解恨,最后用"人彘"之刑把戚夫人活活给弄死了。自己的兄弟死后，刘盈很悲伤，但吕后竟然让他去看"人彘"表演。

刘盈不知"人彘"为何物，便跟着太监七弯八绕来到一间厕所里，看到一个血人：四肢全被砍了，眼珠被挖了，剩下两个血窟窿，人还没有死，身子还能动，嘴一张一合的。

刘盈问太监这是什么人，一听是戚夫人，他差点儿被吓晕。

刘盈受此惊吓，从此也不敢"治天下"了，终日饮酒作乐，仅做了七年皇帝就死了，为吕后专权提供了机会。

后宫嫔妃的"化妆费"

给皇帝当老婆、当妃子是有工资拿的，这可不是开玩笑。

她们的工资叫"年俸"，早期是实物供给制，发给稻谷等生活用品。唐以后，尤其是明清时期，则以支付货币为主，发金子、银子，俗称"发元宝"。

在清朝，后宫日常开支统称为"内廷经费"。从脂粉钱这类化妆品开支，到冬天取暖买炭的"烤火费"，都一一列明、配给。

据乾隆七年（公元1742年）编纂的《国朝宫史》记载，清朝后宫的年俸分九等，分别对应皇太后、皇后、皇贵妃、贵妃、妃、嫔、贵人、常在、答应。

皇太后的年俸最高，每年黄金二十两、银二千两。

后宫俸禄是一笔庞大的开支和经济负担。据《国朝宫史》记，明朝后宫开支巨大，"有明之季，脂粉钱岁至四十万两，内用薪炭，巧立名色，靡费更甚"。

皇帝宫妃化妆场景（明·杜堇绘《仕女图卷》，局部，上海博物馆藏）

"脂粉钱"就是今天说的化妆费，明朝后宫的化妆费一年要四十万两银子，惊人！

实际上，明朝后宫的化妆费虽然惊人，但还不是最高的。唐玄宗李隆基的后宫一度多达四万人，这得多大开支？而国库每年给后宫的预算是有定额的。怎么办？皇帝也会打歪主意的。除了找理由让国库多拨钱外，皇帝还让太监、爪牙出去搜刮民财，以充实自己的小金库。

《旧唐书·食货志》记载，为了养活后宫成群美妃，唐玄宗想方设法搞钱。看出皇帝心思的臣僚还替他想招儿："开元中，有御史宇文融献策，括籍外剩田。"

"括籍外剩田"即检查户籍以外隐瞒的土地，仅此一项便可多收税几百万贯。有个叫王鉷的，自荐要为唐玄宗查征税。王鉷搞钱有方，每年"进钱百亿"，"供人主宴私赏赐之用"。

因开支庞大，妃子多了，皇帝也养活不起。又怎么办？限制后宫规模，卡死编制，甚至"散人"。如唐朝后期，唐宪宗李纯一下把自己的后宫放出两百车人,让她们出宫后随便嫁人;文宗李昂当皇帝时,"出宫女千人"。

皇帝的后妃怎么看病

在古代,女人看病是件非常麻烦的事,因为男医生是不能直接接触女病人肌肤的。有条件的可找女医生,但古代的女医生很少。怎么办?还得请男医生。

为了保护隐私,避免尴尬,男医生给女人看病时常用的诊断方法是"牵线切脉"。

所谓"牵线切脉",就是将丝线的一头固定在女病人的手腕上,另一头由医生远远地牵着,通过丝线的信息传导完成"切诊"过程。

当年清宫御医也是这样为慈禧太后看病的。

据《妇女医案的性别论述——以慈禧太后的医案(1880—1881)为例》一文,有一次慈禧患病卧床,一陈姓御医为其诊治,便是隔着帷帐"牵线切脉"的,结果治好了太后的病。

牵线切脉真的可行?估计不可行。陈御医给慈禧牵线切脉,其实只是做个样子,以示认真负责罢了。他事先已从宫女和太监那里获知慈禧的病情。

"悬丝切脉"对医生的医术和临床经验要求很高,但并不靠谱。为提高对女病人诊断的准确性,有医生发明了一女性身体模型,让女病人自己指出何处不舒服。这样的诊断很有针对性,既避免了男女肌肤直接接触的尴尬,保护了隐私,又提高了诊断的可靠性。

六月

古代人的婚嫁习俗

热气犹小也

本月节气

小暑

　　小暑是二十四节气中的第十一个节气,是夏季的第五个节气。

　　此时,地球绕太阳公转轨道至黄经105°,"斗指丁",一般在每年的阳历7月6日至8日交节。

　　小暑到,意味着一年中最炎热的季节来了。《说文解字》称"暑,热也",就是这个意思。古人很会造字,一个"暑"字,上下两个"日",可见暑期热得不一般。民间称"热在三伏,冷在四九"。所谓的伏天,就是在小暑节气里开始的。

　　小暑三候:一候温风至,二候蟋蟀居壁,三候鹰始击。这里的"温风"可不温柔,意思是风里都是热气,是热风,热得蟋蟀从野外躲进了墙角、床下,老鹰都往高空飞。

小暑

溫風至
蟋居壁
鷹始摯

六經天文編至極也言溫
厚之氣至季夏而始極也
孔穎達疏此物生在於土中至
季夏羽翼稍成未能遠飛但居
其辟至七月則
能遠飛在野
乃有殺心學
習搏擊之事
孔穎達疏二陰
乃起鷹感陰氣

《二十四节气图》之小暑（清·张若霭绘《墨妙珠林（卯）》，台北故宫博物院藏）

"四柱八字"在古代婚姻中的意义

古代婚姻讲究"门当户对","笆门对笆门,板门对板门"。除了门户问题,影响男女结合的另一大问题,就是年龄。

一般都是大小差不多,最好是一年生,即同龄,老话说"年纪相仿,一对双帮"。忌讳男小女大,一般女子不能比男子大四岁以上,但女子比男子大三岁情况特殊,被认为是好事——女大三,黄金往家搬。

除了这些,就是"八字"和"属相"问题了。八字好不好,属相合不合,对过去男女的婚配影响极大。

古代讲究明媒正娶。在男女双方家长基本满意之后,就要进入谈婚论嫁阶段了。这一阶段最重要的事情是"合婚"。媒人会将男女双方的生辰八字和生肖写下来,请算命先生看看两人是否相合。合婚又称为"合八字""掐八字"。

所谓"八字",就是一个人出生时的年、月、日、时的干支,又称"四柱"。四项中每项两个字,加起来是八个字,故名。

通过这八个字,辅以属相,对照老皇历和五行生克属性,就能知道男女是否相合,婚配好还是不好。

当然,这样的说法是完全没有道理的,属于迷信,与五行生克一样,并不可信,只能当作古代的婚姻文化来看。

其实,在婚姻面前,只要男女相知,两情相悦,就没有什么好与不好、合与不合的。谈属相宜忌和命相生克,就显得迂腐和可笑了!

古代苏州人家办喜事场景（清·佚名绘《苏州市景商业图册》，局部，法国国家图书馆藏）

新婚夫妻为什么要喝交杯酒

一直到现在,"喝交杯酒"都是中国男女结婚的重要环节之一。

喝交杯酒又称合卺,其风俗史相当久远。

卺即瓢,合卺礼上使用的酒具就是用匏瓜壳做的,一剖两瓣。喝交杯酒时,就是用同一匏瓜做的酒具共饮美酒,故称"合卺"。后来大概因为用匏瓜壳饮酒不方便,也不上档次,喝交杯酒的器皿便换成了爵,称为"爵卺"。再后来爵也不流行了,而用更方便的杯(盏)来完成合卺仪式,称为"杯卺",遂有了"喝交杯酒"的说法。

在宋朝,新人交卺在交拜完毕进入新房,再次坐床之时举行。

吴自牧的《梦粱录》记载:"牵新郎回房,讲交拜礼,再坐床,礼官以金银盘盛金银钱、采钱、杂果撒帐,次命妓女执双杯,以红绿同心结绾盏底,行交卺礼。毕,以盏一仰一覆,安于床下,取大吉利意。"

还有一种是入洞房上床共眠(古称"掩帐")前喝交杯酒,这个就带有隐私的意思了。两两相对,含情脉脉,之后就是"春宵一刻"。

需要注意的是,喝完交杯酒的杯子是不能随便放的。古时喝完交杯酒后,要把杯子放在床下,一个杯子正放,一个杯子倒放,杯口朝下,即所谓"一仰一覆",代表"天与地合",也有"男女合体"之意。至于结婚为什么必须喝交杯酒、共食,《礼记·昏义》上有这种说法:"妇至,婿揖妇以入,共牢而食,合卺而酳,所以合体同尊卑,以亲之也。"大意是,新娘子到后,新郎官要向新娘子作揖,把她引进家门,先坐下一起吃东西,然后喝交杯酒。

喝了交杯酒就表示男女合一,成为白头偕老的夫妻了,以后就要同甘共苦,像一家人一样相亲相爱了。东汉儒学大师郑玄所谓"重夫妇之始也",说的就是这回事儿。

古代民间结婚场景，夫妻对拜（清末外销画）

合卺是中原汉人的古礼，后经儒家的渲染和推广，成为婚礼中必不可少的仪式。在古代，不饮交杯酒就不能算作夫妻，不是一家人，所以结婚时必喝交杯酒。

实际上，结婚时喝交杯酒，一起吃点儿食物，不仅是礼仪的需要，还存在实用功能，可调节气氛，放缓节奏，纾解新婚夫妇的压力。

通过喝交杯酒、一起就食，无疑可以一下子拉近两位新人的身体和心理距离，为第一次夫妻生活做一个巧妙的铺陈。

古代喝喜酒的"随礼"

结婚是人生大事,举办个热闹的婚礼也是人之常情。

那么古人怎么办婚礼?

早在先秦时代,人们就认识到了婚礼意义之重大。《礼记·郊特牲》称:"天地合而后万物兴焉。夫昏礼,万世之始也。"大概意思是,天地和谐,万物兴旺;男女婚礼,万世之始。

但先秦时举办婚礼并不提倡互相随礼,也不大操大办。《礼记·郊特牲》即称:"昏礼不贺,人之序也。"而且,"昏礼不用乐",连奏乐程序都没有。

到西汉宣帝时,婚礼大操大办风气兴起。

在此之前,西汉一些郡国"禁民嫁娶,不得具酒食相贺召"。

汉宣帝刘询认为此举不妥。《汉书·宣帝纪》记载,他于五凤二年(公元前56年)秋天下了一道诏书,指示"勿行苛政"。

刘询认为,婚姻之礼是人伦中的大事,以酒食会友是行礼乐时使用的,禁止老百姓嫁娶时摆设酒食以相庆贺,等于将乡里亲朋间应有的礼仪废除了,令民无可欢乐,这不是教化老百姓的好办法。

汉宣帝的"开酒令"可以说是古代中国婚礼大操大办的"第一号令",不只影响了当时的婚礼风俗,对后世也产生了深刻的影响。

之后的魏晋南北朝,人们对婚礼更为重视,刮起了"侈婚风"。婚礼上要设婚宴招待来贺亲朋,此即俗话说的请人"喝喜酒"。

但是,这顿大餐可不是白吃的,应邀的亲朋要送上一份贺礼,此即民间所谓的"随礼"。

民间又称这份随礼为"红包",有的直接称为"份子钱"。

在古代官场上,遇到红白喜事,有时会直接从工资(俸禄)中扣除份子钱。如元朝时期,有时随礼太多,月工资"十除八九"。

古代民间娶亲场景（清末外销画）

此事影响了官员的廉洁，为此元朝规定，随礼不得从工资中扣除，违反者法办。此规定还形成了法律条文，《元典章》中称："如蹈前辙，许监察御史廉访司体察明白，以赃论罪。"

有俸禄的公务人员都吃不消，百姓遇到吃喜酒更高兴不起来了。

为此，官场开始出现"禁侈令"。

《南齐书·武帝纪》记载，永明七年（公元489年），齐武帝萧赜便曾下诏，欲遏制婚礼中这股不正之风，称"晚俗浮丽，历兹永久，每思惩革，而民未知禁。乃闻同牢之费，华泰尤甚；膳羞方丈，有过王侯"。

针对"侈婚风"，萧赜指示相关部门拟订规约，公布于众，并限定了摆设婚宴的规模，特别强调"如故有违，绳之以法"。

古代婚宴上为什么要闹宴

婚宴在餐桌摆放方面第一要考虑的是主桌的安排，因为主桌涉及首席位置。定下主桌，就好安排首席位置了。

桌子的缝隙不能对着首席。河南南阳一带称首席为"上岗子"，如果桌缝对着首席，就是"冲上岗子"，这是忌讳。遇到脾气不好的尊者，能把桌子掀翻，以示抗议。

婚宴上，最特殊的人物不是新娘或新郎，而是他们的舅舅。

在出席婚宴的人物中，不论是新娘的舅舅，还是新郎的舅舅，都最为尊重。哪怕是皇帝赴宴，都要给娘舅让位，这就是所谓的"娘舅为大"。

为了避免麻烦，有的地方会特设"舅爷席"。

因为"娘舅为大"，开席时，新郎、新娘必须首先到舅舅那桌给舅舅敬酒。敬酒时要注意，不能敬一杯酒，要敬双杯。给舅舅敬了酒后，才向父母和其他宾客敬酒。

舅舅不到，婚宴是不能开席的。如果遇到特殊情况，舅舅不能及时赶到，又不能不开席，怎么办？往往要留下首席的位置。这个空下来的位置，在不同地方叫法不同，如浙江永嘉、青田一带称这个位置为"衣冠座"，因为空位上放了舅舅的衣帽，表示人到场了。

婚宴上"娘舅为大"的观念不只在汉族中流行，在一些少数民族中也是这样，甚至更讲究。在决定孩子的婚事上，舅舅的权力比父母还要大。在一些母系制遗俗较多的少数民族，舅舅的权力更大。

在有些地方，婚宴上女方舅舅还会"闹宴"，即有意挑新郎家宴席毛病。如果碰到这种情况，新郎的父母会赶忙来敬酒赔罪，请他消气，并吩咐厨房按照舅舅的意思重新上酒加菜。虽然酒菜还是老一套，但此时舅舅会转"怒"为喜。

为什么娘舅要"闹宴"?

这是一种旧时遗俗,是为了测试新郎家的诚意。这个"下马威"会让新郎家知道新娘不是好惹的,娘家有舅舅呢,日后要善待新娘。

热炙杀人也

大暑

本月节气

　　大暑是二十四节气中的第十二个节气，是夏季最后一个节气。

　　此时，地球绕太阳公转轨道至黄经120°，"斗指未"，一般在每年的阳历7月22日至24日交节。

　　大暑是一年中最热的时候，也是湿气最重的时候，"湿热交蒸"，非常不舒服。这个时候，白天尽量不要暴露在直射的阳光下，避免中暑。金人张子和在《儒门事亲》"大暑未上四之气"篇中认为，"四之气为病，多发暑气、头疼、身热、发渴"。东晋人郭璞称："热炙杀人也。"

　　或许读者会抱怨这种天气，千万不要这样。大暑越热，收成越好，大暑雨大，粮丰棉丰。故农谚称"小暑雨如银，大暑雨如金""伏里多雨，囤里多米""大暑无酷热，五谷多不结，大暑连天阴，遍地出黄金"。相反，则五谷不实，年成不好。

　　大暑三候：一候腐草为萤，二候土润溽暑，三候大雨时行。古人的观察还是很准确的。到了大暑，萤火虫都出来了，在夏夜一闪一闪地，添了一丝神秘，还产生了"囊萤映雪"的故事。天气则变得更闷热，土潮地湿，常常出现雷雨。《月令七十二候集解》认为，雨天多是好事，"今候则大雨时行，以退暑也"。

腐草為螢　土潤溽暑　大雨時行

孔穎達疏腐草感時
暑濕之氣故化為螢孔穎
達疏土潤溽則土之骨澤易行
鄭康成注潤溽謂塗濕也孔穎
達疏六月建未未值
井主水故大雨應時行也

大暑

《二十四节气图》之大暑（清·张若霭绘《墨妙珠林（卯）》，台北故宫博物院藏）

古代女子到底多大出嫁

在中国古代，女子的婚龄标准，各朝多有变动。

其中，上古周代的"男三十而娶，女二十而嫁"屡被提起。此说出自《周礼·地官·媒氏》，如果照这么说，中国早期是实行晚婚晚育的。

从史料来看，实际不然。这个婚龄标准并不是现代所谓的最低结婚年龄，而是成年男女必须结婚的年龄上限。

中国古代其实是提倡"早婚"的，特别是女性的结婚年龄普遍较低。较早的，女子11岁就结婚了。据《梁书·张缅传》和《周书·城冀传》记，梁高祖的第四个女儿富阳公主和北周高祖的女儿平原公主，都是11岁出嫁。更早的则在6岁就结婚了，如汉昭帝8岁继承皇位，娶上官安"年甫六岁"的女儿为皇后。当然，这是政治婚姻，是利益分配的需要。

就《礼记》所定的男女成年标准来理解，古代婚龄的一般标准是男子20岁、女子15岁，成年即可嫁娶。但各朝代有异，唐朝"男十五、女十三以上，得嫁娶"，明朝"凡男年十六、女年十四以上，并听嫁娶"。

为解决人口和男子婚配问题，不少朝代采取强制女性出嫁的手段。如在晋代，女子到了一定年龄必须嫁人，否则官府要强行给她找对象。《晋书·武帝纪》记载，司马炎在泰始九年（公元273年）冬十月要求，"制女年十七父母不嫁者，使长吏配之"。意思是，女孩子到了17岁，如果父母不将闺女嫁出去，那么地方官员就要给她找老公，逼其强行嫁人。

到了南北朝时，还出现了如果女孩适龄不出嫁即犯法的规定。女子不及时出嫁，家里人都要跟着坐牢，即《宋书·周朗传》中说的"女子十五不嫁，家人坐之"。

这种强迫女子出嫁的规定，虽然可能首先是出于增加社会人口的考虑，但在客观上解决了不少光棍娶不起老婆的问题。

古代结婚为何一定要有媒人

现代讲究恋爱自由。在古代,结婚则须遵从"父母之命,媒妁之言"。

媒人就是给男女牵红线的介绍人。《说文》称:"媒,谋也,谋合二姓者也。"

过去男女结婚,没有媒人是不成的。即便是私下定情的,也得请个形式上的媒人来提亲,叫"采媒"。

早在先秦时期就是这样。如《诗经·南山》的《氓》中有一句"匪我愆期,子无良媒",说明了当时没有媒人不可嫁的现实。

后来不少朝代从法律上规定结婚必有媒人,如果没有则违反当时的"婚姻法"。如《唐律疏议》规定:为婚之法,必有行媒。

到元朝,这方面的规定更详细了。《元典章·户部·婚礼》规定:"媒妁由地方长老,保送信实妇人,充官为籍。"意思是,媒人不是什么人都能干的,得由地方威信高的老人推荐,选诚实守信的已婚妇女报给官方,登记注册,统一管理。

这种媒人是民间性质的,属私媒。古代还有一种官媒,就是官府中负责解决婚配问题的专职人员。他们与今天民政局发结婚证书的公务员在某些职能上有相同的地方,但权力更大。

官媒通过强制手段给"光棍男"找老婆,给女人找老公,指定某女嫁某男、某男娶某女,实是一种分配婚姻,纯是"拉女配",有点儿现代欠规范婚姻介绍所的味道。

官媒在先秦时代就存在,一直到清朝仍有。当时有大量男子被发配到边疆,为了边疆的稳定,使其后继有人,朝廷就设了不少官媒,方便给他们找老婆。农民起义军的妻女、灾区逃荒女子等,往往被官媒指定给某一光棍,让他们一起生活,繁衍后代。

因为男多女少,做官媒油水很足。光棍们会争着送"聘金",如果不

古代民间出嫁场景，新娘坐在花轿里，旁边跟着媒婆（传宋·张择端绘《清明易简图》，局部，台北故宫博物院藏）

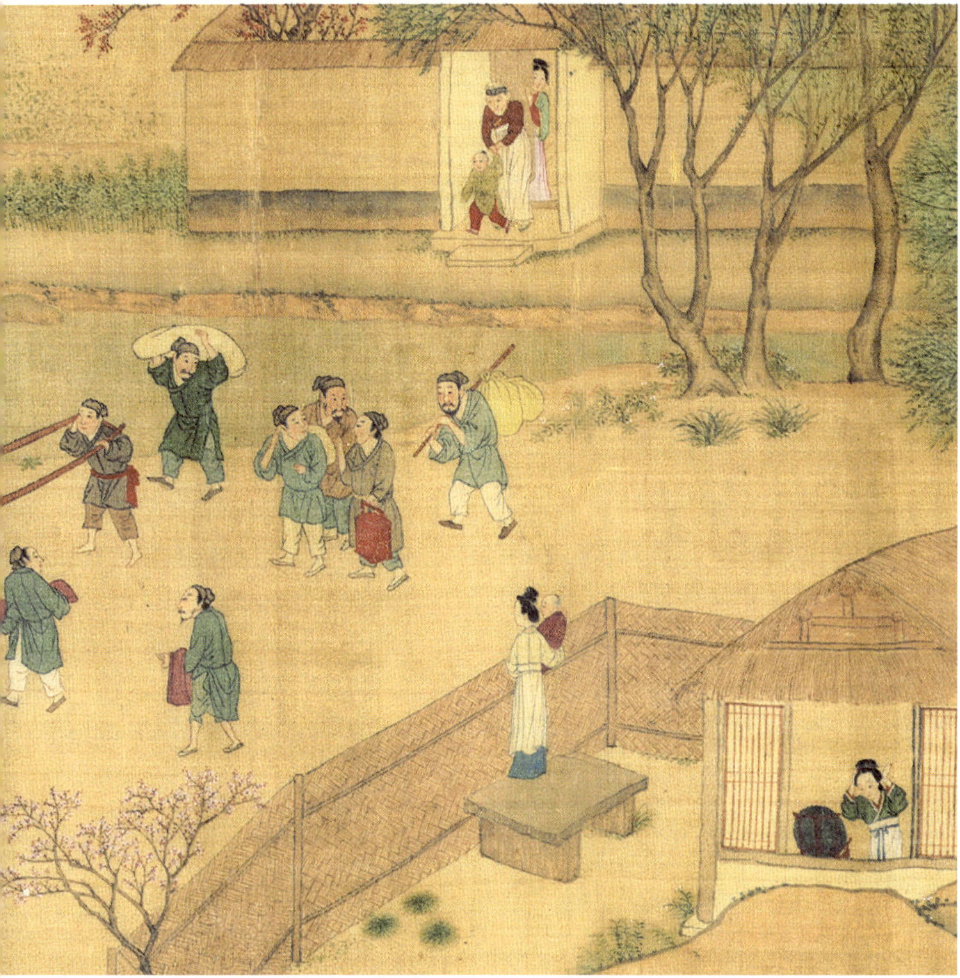

此中國上老婆子之圖其老婦人貨房數間亦為媒婆有鄉中寓苦婦女來京作活者住宿其家若有老媽向其招之送僱工以為保人

古代民間媒婆形象（19世紀中國外銷畫《各樣人物圖冊》，大英圖書館藏）

主动送，官媒甚至直接向光棍索要红包。有意思的是，为了防止男女绕过官媒私下来往，玩私奔，官媒常在晚上"查墙子"。

所谓的"墙子"就是小巷子、旮旯处等男女方便私会之所。如果发现崔莺莺和张生那样翻墙私会的现象，光棍男往往会被官媒赶走。

古代订婚后男女都会瞒着对方做一件事

在古代，男孩、女孩还未成年时，就会有人上门"提媒"，俗称"提亲事"。负责提亲的人，就是大家都知道的"媒人"。提亲时，一般是请庄邻中能说会道又熟悉的人做媒。

媒人对一桩婚事能否成功起着关键作用，如果媒人有地位，在地方有影响力，上门提亲一般都会成功。这与现在城市里出现的"职业媒人"不是一个层次，这些媒人多为临时客串。

提亲一般是一方有意某家的男孩子或是女孩子，才请媒人提亲的。提亲之后，即使双方家庭原则上都同意了，也都会瞒着对方悄悄去做一件事情——察听。

即使男女当事人都满意对方，私订终身，其父母也不放心，要调查了解一下，这就叫"察听"。

察听就是婚前调查，女方更积极。

一是摸家底，了解家庭经济条件。俗话说："笆门对笆门，板门对板门，瓦屋要对四檐青。"这就是强调"门当户对"。古人认为，如果不是门当户对，孩子进门后会受委屈的。比如穷家嫁富家，很可能让富家看不起，一辈子憋屈；如果富家与穷家结亲则会吃亏，亲家是无底洞，需一辈子倒贴。

二是查袖笼，了解疾病遗传情况。如果对方家人中有呆子、瞎子、哑巴等，就要注意。"袖笼"一词是苏北等地的土话，就是"狐臭"，又叫"下风"。如果有狐臭，叫"袖笼不干净"，门风不好，会遗传的。有袖笼比家里穷还糟糕，一般人家都不愿意结这样的亲家。

三是看年龄，了解真实年龄和属相。男大当婚，女大当嫁，但最好年龄相仿，属相相配。年龄相仿是夫妻能白头偕老的基本条件，如果年龄悬殊，有一方必早过世，留下一方孤单。一般男女最好同龄，俗话说"年纪相仿,一对双帮"。

女人的发式与婚姻风俗

从史料及现代考古出土物来看,女性留长发和喜欢做发式,自古如此。但是,在古代,女孩子到了15岁就不能再披发了,要束发。

15岁的女孩子要行"笄礼"。

笄即簪子,用来插住挽起的头发或弁冕。笄礼就是将长发盘起来的仪式,故民间又称笄礼为"上头"。行过笄礼的女孩子即被视为成人,可以嫁人,可以结婚生子。这种"成人礼"在先秦时已出现,《礼记·内则》里便有记载:"女子……十有五年而笄。"

行笄礼的年龄以15岁为标准,已订婚和未订婚的女孩子都可以进行。已订婚女孩子的笄礼相当隆重,要请未来的婆家人参加。

要注意的是,已订婚女孩子的笄礼必须在15岁这年举行,而未许配人家的女孩子则可以推后,最迟在20岁时行笄礼。

到20岁这年,女孩子即便仍未找到婆家,也要行笄礼。此即《礼记·杂记下》中所谓:"女虽未嫁,年二十而笄。礼之,妇人执其礼,燕则鬈首。"

这里所谓的"燕则鬈首",是说如果女孩子未许人,在笄礼完成之后还可以把笄取下,解开发髻,恢复原来的发式。

发式是古人判断已婚与未婚的依据之一。已许配婆家的女孩子在行过笄礼之后,不仅要挽髻插笄,还要在发髻上缚一根五彩缨线作为标志,表明其已许人,其他男孩子不能再打她的主意了,媒婆也不会上门说媒。此即"系缨"风俗。

这与现代戴上婚戒的意义一样。

到了新婚那晚的洞房花烛夜,会有一个和"系缨"相对应的"解缨"风俗。此即古话所谓:"男子入,亲悦(脱)妇之缨。"

为什么要丈夫亲自动手解下?这对新娘子来说意义重大,可以这样理解:我在娘家时为你坚守规矩,一直系着五彩缨线,现在你将我头上的五彩缨线解下,须为我负责。

七月

燎沉香　消溽暑

古时候的人间冷暖

物于此而揫敛也

立秋

本月节气

　　立秋是二十四节气中的第十三个节气，是秋季的首节。

　　此时，地球绕太阳公转轨道至黄经135°，"斗指坤（西南）"，一般在每年的阳历8月7日至9日交节。

　　时序立秋，就到秋天了。《月令七十二候集解》称："立秋，七月节……秋，揫也。物于此而揫敛也。"立秋一日，水凉三分。立秋后，万物开始收敛，向热情似火告别，走向低调和成熟。

　　古人为什么称四季中的第三个季节为"秋"？"秋"与"春"一样，都是古人最早定义的季节。河南安阳殷墟的甲骨卜辞中已发现最早的"秋"字。从字形上看，"秋"为一种虫子，有人认为是秋蝉，有人认为是一种秋虫，会发出"啾啾"声，故有qiū音。

　　《说文解字》中的"秌"字从"禾"，突出秋天禾谷成熟，到了收获的季节，秋天的季节特性更形象。

　　立秋三候：一候凉风至，二候白露降，三候寒蝉鸣。到了立秋，来自北方的风渐多，而南风较少，且风中有了凉意；昼夜温差大，清晨室外植物上出现了晶莹的露珠，晨雾产生；树上蝉虫的鸣叫声发生变化，有一种凄切感，"一叶落而知秋"的感觉涌上心头。

立秋

涼風至 《淮南子》注坤卦之風也為塉
九辯白露既下百草芳菴離披此梧楸謂蜺也

白露降

寒蟬鳴 鄭康成注寒蟬寒蜩也

《二十四節氣圖》之立秋（清·張若靄繪《墨妙珠林（卯）》，台北故宮博物院藏）

古代也有"空调间"

和现代人一样,古人避暑,首先想到的是改造居住环境,建造一个带有类似现代制冷设备的"空调间"过夏天。这样的房间,古人称为"夏房"。先秦时期的"窟室"、秦汉时期的"凉房"、皇家的"凉殿",以及后来的"冰室""凉窖",都属于夏房。

"窟室"算是先秦最流行的"空调间"。所谓"窟",字面意思就是洞穴,乃现代"地下室"的原始形式。由此可知,先秦时期流行的窟室实际就是地下室,但比地下室更讲究。

当时有条件的贵族,家里都筑有窟室,夏天重要的餐饮活动都会安排在窟室进行。郑国大夫伯有是中国历史上有名的"酒鬼"之一,他的家里就有一间窟室。

《左传·襄公三十年》记载:"郑伯有耆酒,为窟室,而夜饮酒击钟焉,朝至未已。"大概意思是,郑国的伯有喜欢喝酒,特地修建了一间窟室,晚上在窟室内饮酒取乐,通宵达旦。

从伯有喜欢在窟室活动看,窟室是先秦贵族阶层夏季的"娱乐空间",相当舒服。这和现代人夏天喜欢找冷气十足的场所待着没啥两样。

当时,从中原的郑国到南方的楚国、沿海的吴国,贵族们都喜欢在窟室中避暑。窟室也是家中的重要场所。吴国公子光,即后来的吴王阖闾,在公元前515年夏天刺杀吴王僚时,便利用了家里的窟室。

据史料分析,先秦时的窟室并非全是利用地下冷源的,也有人工冷源。当时的高级窟室内会放置冰块,以提高降温、调温的效果。

公元前552年夏天,楚国的令尹子庚去世,合适的继任人选薳子冯为了回避楚康王的任命,穿着棉袍和大衣躺在窟室内的床上装病。

大热天里,窟室温度再低,穿大衣也受不了吧?原来,薳子冯在床下放置了冰块。

除了盖窟室，古人还有一种避暑方法：在厅室内埋置陶缸，形成陶井，夏天将冰块放置其中以降温。

这种陶井更像不可移动的冷柜。这种降温办法，先秦时的贵族都在使用。20世纪50年代，秦汉宫廷遗址的考古发掘中便发现了这种陶井，可见其历史悠久。

不过，普通百姓也要过夏天啊，那怎么办？民间有降温的土办法。

比较常见的方法是，如曹操当年在邺城建造大冷库"冰井台"那般挖深井采集冷气，即在厅内或是需要的房间挖一深井，上面用盖子盖妥，盖子上凿孔。这样，夏天便会有冷气从下面出来，而冬天则有暖气上来，保证厅堂内的温度相对稳定、宜人。

在保存下来的明清古民居中便能看到这种土制"空调井"。在安徽皖南的古民居中，大户人家的厅室里就有这样的"空调井"。其妙处多多，除了可以给房间降温，还可作为地下"冰箱"使用，将食品放进井内冷藏保鲜。

唐朝已使用外国制冷技术避暑

唐朝夏季带"空调"的宫廷建筑不再像汉朝时叫"清凉殿"，而称"含凉殿"。含凉殿为唐朝皇帝和后妃的寝殿，北临太液池，夏天住在里面十分凉爽。

唐朝诗人张仲素的《宫中乐》中所谓"红果瑶池实，金盘露井冰。甘泉将避暑，台殿晓光凝"，描述的就是在含凉殿消夏的情景。

古代富贵人家女眷夏天凉亭避暑场景（五代·周文矩绘《荷亭奕钓仕女图》，局部，台北故宫博物院藏）

含凉殿的制冷手段已很先进,是通过机械装置实现的。

《唐语林·豪爽》记载,当时唐玄宗李隆基建含凉殿,拾遗陈知节给李隆基上疏极谏,李隆基于是请高力士找他来谈话。当时正是酷暑天,李隆基把"办公室"搬到了含凉殿以避暑。进入含凉殿后,陈知节被"赐坐石榻",感觉"阴溜沉吟,仰不见日,四隅积水成帘飞洒,座内含冻"。

这段历史记载的信息量很大。一是在建筑设计上,含凉殿避开了阳光的照射,所以显得很阴沉。二是当时已有用水能来转动扇叶的"电风扇"——"水激扇车",风扇对着凉水吹以形成冷气。三是含凉殿有循环冷水源,故四边有水往下淌,形成水帘。其做法是,在宫殿的四檐装上水管,把水引上屋檐。凉水在屋檐上循环,室内温度自然就会下降,而且降温效果极佳,"座内含冻"。

这种"空调建筑",民间称为"自凉亭子",又称"雨亭"。当时,地位较高的大臣家里都建有这样的"空调房",如京兆尹(长安市市长)王鉷家便建有自凉亭子。自凉亭子的降温效果明显,"当夏处之,凛若高秋"。

现代学者考证,这种含有机械原理的制冷技术并非中国人的发明,它源于拂菻国(东罗马帝国)。当时拂菻国的宫殿就带有这种"空调"。如果这个考证属实的话,这种装置当是中国最早的"进口空调"。

古人大热天的聚会

在古代,聚会一般多在春秋的凉爽天气,或是农闲的冬天举行,夏天很少有聚会。在现代,夏天聚会却很正常,因为好一点儿的场所都有空

古人聚会场景（唐·佚名绘《宫乐图》，台北故宫博物院藏）

调，再差也会有电风扇。

但在古代贵族中间，高温似乎不是不能聚会的理由。相反，他们很喜欢在大热天喝两盅，甚至喝得大醉，并戏称其为"避暑饮"。

如果需要在夏天聚会，古人也会想方设法降温消暑，让客人吃好喝好。怎么办？有条件的人家会使用天然冰块降温。

据《吴越春秋·勾践归国外传》记载，勾践七年（公元前490年），"勾践之出游也，休息食室于冰厨"。这里的冰厨就是因在厨房放置冰块而得名的。

利用冰块降温是先秦时已流行的做法。《左传·襄公二十一年》记载，楚国大夫申叔豫"（夏日）方暑，阙地下冰而床焉。重茧衣裘，鲜食而寝"。睡在冰上当然冻人，所以他要用厚衣把自己包裹起来。

明人高濂的《遵生八笺·四时调摄笺·夏卷》"琢冰山"条记录了一件夏天聚会的趣事：三伏天，杨家的子弟把冰琢刻为山放在酒宴上，这样大家就不觉得热了。喝到半醉的时候，客人甚至觉得冷。

如果在室外聚会，则会选择临水的地方。李少师暑天与客人喝酒，便喜欢选在临水的溪边。他们用荷叶做酒杯，斟得满满的，哪个不喝完就罚酒。因每次都会喝得大醉，自然就不感到天热了。

唐朝的同昌公主更有办法。有一次她主持盛大宴会，暑热难当，她便命人取来一种叫"澄水帛"的东西，让人蘸满水挂在厅堂中间。满座都在想：这是新棉絮吧？其实它是避暑神器，有八九尺长，纤维很细，透明，可照人，中间有流水，故能消暑气。

唐代康骈的《剧谈录》"李相国宅"条记述了相国李德裕夏天邀人来家里吃饭的场景："及别列坐开樽，烦暑都尽。良久，觉清飙爽气，凛若高秋。备设酒肴，及昏而罢。"

有好奇的人不明所以，便通过知情人打听，被告知用金盆盛满水，将白龙皮浸入水中，然后放在座位处就能避暑。

李德裕从哪里找来的白龙皮？原来那是"进口货"，是位于今朝鲜半岛的新罗国僧人带来的。这僧人又是从哪儿弄来的？

书中交代道："新罗僧得自海中。"据说是一位住在海边的人从一渔民家里得到的。这新罗僧人知道李德裕会感兴趣，便买下来送给了他，即所谓"因以金帛赎之而献"。

除了白龙皮，这新罗僧人还献了"暖金带""辟尘簪"，"皆希代之宝"。

古代的扇子可不仅仅是纳凉用的

在古代,盛夏天人们最离不开的用具唯有扇子。但扇子出现并非因为纳凉的需要,而是政治上的原因。舜帝接受尧帝的禅让后制作了"五明扇",这是扇子正式进入古人生活的开始。

后来扇子的政治属性淡化,转变为纳凉用的生活物品。东汉文学家班固的《竹扇赋》即称:"度量异好有圆方,来风避暑致清凉。"

早期的扇子与后来流行的式样有较大不同,是一种"偏扇"。《说文解字》称:"扇,扉也。"门两旁如羽翼者也。早期扇风用的扇子确实像半边门,呈长方形,手柄偏于一侧,故名"偏扇"。考古人员在湖北江陵楚墓中曾发现过这种偏扇。这种样式的扇子现在仍可以见到,使用时不是摇动纳凉,而是在手中转动扇风。

西汉时,中国传统的团扇出现,手柄位于中间,用法与现代无异。这种扇子首先在宫中开始使用,称为"合欢扇"。

西汉才女、汉成帝的宠妃班婕妤在《怨歌行》中提到了这种扇子:"新裂齐纨素,鲜洁如霜雪。裁为合欢扇,团团似明月。出入君怀袖,动摇微风发。"

"合欢扇"是女性的寄情之物。当时用于制作团扇的材料很讲究,多选用精致、洁白的细绢(纨素),故这种团扇又叫"纨扇"。班婕妤为何将之称为合欢扇?大概因为团扇左右对称,形若满月,有"团聚""合欢"之喻。后世女子喜欢用团扇作为定情物,意思大概全在这里面。

团扇给人以温文尔雅的感觉,有一种小资情调,魏晋以后开始流行,成为中国传统扇子样式之一,为历代女性所喜爱。其中,以唐朝女性喜爱团扇最出名。

汉朝女性赋予了团扇"合欢""团聚"的内涵,而唐朝女性则发掘了

古人居家消夏露出上身,手不离扇(明·宋旭绘《美人消夏图》,局部,中国嘉德2010年拍品)

团扇的"遮面""护颜"功能。唐朝诗人王建的《调笑令·团扇》说得很形象:"团扇,团扇,美人病来遮面。"

古代提倡女性笑不露齿,不宜与陌生男性直视,于是团扇便成了很好的道具,并因此有了"屏面""便面""障面"的雅称。

因为团扇代表着一种品位,当时的"女白领"必佩之。所以,在唐宋的仕女图中,佳人美女大都会手持一柄团扇。

> 暑气至此而止矣

处暑

本月节气

　　处暑是二十四节气中的第十四个节气，是秋季的第二个节气。

　　此时，地球绕太阳公转轨道至黄经150°，"斗指申"，一般在每年的阳历8月22日至24日交节。

　　为什么叫处暑？意为一年中酷热难熬的天气已至尾声，系暑天之末，故又可以称为"末暑"，对应之前的小暑、大暑。所以，《月令七十二候集解》称："处暑，七月中。处，止也。暑气至此而止矣。"农谚则称："暑天来，伏天到；伏天消，暑将尽。"故民间又称处暑为"出暑"。

　　处暑三候：一候鹰乃祭鸟，二候天地始肃，三候禾乃登。大意是，到了处暑，天上的老鹰开始捕猎鸟类；自然界发生变化，叶黄草枯，万物开始凋零；庄稼成熟，可以收获了，即所谓"五谷丰登"。

鷹乃祭鳥 鄭康成注將食之示有先
也孔穎達疏謂鷹欲食鳥
之時先殺鳥而不食與人之祭食相似猶
若供祀先神不敢即食故云示有先也
　　　　　　　　　　　　　　鄭康
地始肅 鄭康成注肅
嚴急之言也
禾乃登 鄭
　　　　康
成注黍稷之
屬於是始熟

處暑

《二十四节气图》之处暑（清·张若霭绘《墨妙珠林（卯）》，台北故宫博物院藏）

古人判断和预测
温度的手段

古代中国人很早就发现了温度变化的规律,道家古籍《关尹子》即称:"寒暑温凉之变,如瓦石之类,置之火即热,置之水即寒,呵之即温,吸之即凉。"

比较遗憾的是,古代中国人未能给温度提出一个像圆周率、经纬度那样的"中国数值"。

事实上,古代中国人推测温度的方法很多。现代的温度计只是实时温度的反映,古代中国人则通过时序轮换和自然气象的变化,判断和预测当天气温和未来气温的走势,这种方法可以视为"物候"测温法。

由于古代中国是传统的农业国家,这方面的经验非常丰富。我们常说的"春暖花开""天寒地冻"都是古人推测气温变化的语言。

比如推测高温天气,古人便有一套很成熟的方法,并以谚语的形式在民间推广和流传。如"早上朵朵云,下午晒死人""天上花花云,地上晒死人""秋天大雾扑人面,当日太阳火炎炎""迷雾毒日头""早起雾露,晌午晒破葫芦"……这些都是古人通过气象变化预测当日气温的方法。

二十四节气是古人记载时序以方便安排农业生产而产生的,也是古人预测气温的需要。通过对节气当天气象的观测,古人可以对未来的气温趋势进行比较准确的中长期预测。

如"小暑"节气一到,古人就知道后面将进入高温"烧烤模式"。所以谚语说:"小暑过,一日热三分。"

为迎接高温,古人会多吃消暑食品,以减轻高温对身体健康的影响。到了"大暑",如果当天比较热,秋冬气温就会偏高,谚语"大暑热得慌,四个月无霜"就是这个意思。对于夏季是否有高温天气,古人则根据夏至日气象来判断,有"夏至无云三伏烧""夏至无雨三伏热"等说法。

"冬至暖,烤火到小满""霜前冷,雪后寒"则是古人预测会有低温的说法。类似的还有"冬至不冷,夏至不热""冬至冷,春节暖;冬至暖,春节冷"……

古代贵族家庭的冬用"温室"

在古代,冬天并没有现代"集中供暖"的说法,但这并不是说古代没有暖气。

秦汉时,冬天可以调节室内温度的房间已出现,时称"温调房"。这一名词与现代的"空调房"倒颇相似。东汉科学家张衡的《西京赋》里有"朝堂承东,温调延北"一语,其中"温调"说的就是这种温调房。

温调房又称"温室",当时的贵族家庭一般都有这样的房间,皇家当然更不例外。皇家的温调房空间更大、更高级,被称为"温调殿",《三辅黄图》中则称其为"温室殿"。

西汉皇宫是在秦朝残宫基础上修建的,先后建有长乐宫、未央宫、建章宫等大型宫殿,其中的长乐宫、未央宫均设有温调殿。

长乐宫寓意"长久快乐",原为朝廷的"办公大楼"和汉高祖刘邦的"总统套房"所在,汉惠帝以后改为太后居所。长乐宫除建有冬天可升温的"温调殿",还建有可降温的"清凉殿",供夏天使用。

因为长乐宫为太后所居,汉惠帝便把朝廷的"办公大楼",以及自己与皇后、嫔妃的居所搬到了未央宫。未央宫起初并没暖气,刘彻(汉武帝)当皇帝后才在未央宫内建设温调殿。

古代豪华宫室冬暖夏凉（五代·顾闳中绘《韩熙载夜宴图》，局部，北京故宫博物院藏）

温调殿又称"暖殿"，是皇帝与核心臣僚议事和接待重要来宾的场所。

从"朝堂承东，温调延北"一语可知，当时未央宫的正大厅（朝堂）是用来接见东来诸侯、使臣的，温调殿则用于接待北来宾客。

据《汉书·京房传》记载，西汉易学大师京房便曾被汉元帝刘奭召进温调殿，与公卿朝臣一起讨论官员政绩的考核办法。

值得注意的是，温调房还是汉朝皇室藏书之所。也许那时人们就知道，恒温不仅能带来舒适的阅读环境，提高阅读效率，还能延长图书寿命，利于长期保存。

温调殿内部设施如何，使用何种防寒保温材料，现已无从知晓。但从野史杂记上可以发现一些相关信息。《汉宫仪》称："皇后称椒房，以椒涂室，主温暖除恶气也。"由此可知，当时已将花椒视为一种特殊的防寒保暖材料，捣碎和泥，制成墙壁保温层。

椒房殿的墙壁上还挂有锦绣壁毯，地上铺着厚厚的西域进贡毛毯，设火齐屏风，"翡翠火齐，络以美玉"，还有用大雁羽毛做成的幔帐。在这样的房间里生活，冬天自然不会感觉寒冷。

这种奢华的保暖方法，为后代有钱人效仿。

秦朝已经有壁炉了

古代可升温的"温调房"是利用什么原理提高房间温度的？

从考古发现来看，主要是通过火源传递热量来加热空气的。早期是"地上升温"模式，后来是"地火取暖"模式。

"地上升温"模式是置火源于房间中，直接加热空气，比较高级的是设置壁炉。1974年，考古人员在秦都城咸阳一号建筑遗址上便发现了这种取暖设施。

一号建筑遗址为秦王宫室，此遗址内共发现三处壁炉，底层南侧第八室、上层西侧第五室和南侧第三室各有一座。其中，第八室及第五室被推测为浴室。

第八室的壁炉设计得相当科学，宽1.2米，高1.02米，进深1.10米，炉膛剖面呈覆盆形，方便炉烟迅速排出。炉上部烟道已毁，炉左有一贮木炭的槽坑，炉身用土坯砌造。南面的炉门前有一出灰坑，内部表面镶砌立砖。

在"地上升温"模式基础上，明清时期开始流行"地火取暖"模式：在室内地面下预先用砖石砌好循环烟道，炭火的热烟流沿着主烟道、支烟道流到各个烟室，传到地面，提高整个建筑内各个房间的温度。

地火取暖能使地面受热均匀，温度升高得也快。由于火坑、排烟道均在室外，既避免了烟火污染室内空气，又能防止煤气中毒使人窒息，安全

清朝富人室内取暖场景,床头桌上放有一盆炭火(清·孙温绘《红楼梦》,局部,旅顺博物馆藏)

又卫生,经济又实用。

现代北方家庭的地暖设施即由此而来。

古代公务员的"取暖费"

古代没有现代的电热取暖器,主要的取暖工具是火盆、炉子一类。其中熏炉、手炉、足炉等,应该是古代中国人冬天最常用的取暖器具。

熏炉其实是一种外带罩子的炭火盆,分为上下两部分,下部为盆,上部为花卉图案镂空罩。宫里使用的一般为铜质熏炉，做工精致；民间多用陶土、铁制作。手炉是方便手握的取暖器，大小与今天的电手炉差不多，内置炭火或其他热源。足炉内置炭火，上面有罩子，脚置其上。

民间还有一种叫"汤婆子"的金属圆壶，冬天装上热水可置于被窝内，使用方法与现代的热水袋一样。而最另类、具有高科技含量的，当是一种叫"卧褥香垆（炉）"的取暖器。它是一种圆形装置，内置炭火，"机环转四周，而炉体常平"，安全又方便，还可放进被窝里，故又称"被中香垆"。如果放入香料，则是一种很好的熏被工具。

这些取暖器都需要使用燃料。

燃料在冬天是一笔不菲的开支。朝廷会给公职人员发放取暖补贴，即俗称的"烤火费"，也算是一种福利吧。

工资的别称"薪水"，细究起来，便与取暖补贴有关。

中国封建时代公务员的工资性收入，主要由俸银、禄米、柴直（值）银三大部分组成。柴直银就是包括冬天的薪炭费用在内的生活补贴。早期烤火费多是以实物的形式发放的，如宋朝每年从阴历十月到次年正月发炭，宰相、枢密使每人发200秤，其余官员为100秤、30秤、20秤、10秤不等。主要用来做饭、烧水的薪柴，则是常年按月发放的。

明朝则将这种月俸补贴改为"柴薪银"，折成现金发放，烤火费的含义更明确了。

皇家则设有专门的"冬季供暖领导小组"，明朝叫"惜薪司"，专管宫中所用柴、炭及二十四衙门、山陵等处内官用柴、炭的供应；清朝后来改成了"营造处"，内设"薪库"，专门负责宫中所用木柴、煤炭的采购和发放，人员有"炭军""煤军"之分。

包括宫妃在内的皇家人员，每年冬天都能领到烤火取暖用木炭。清乾隆时，每日发放标准是皇太后120斤、皇后110斤、皇贵妃90斤、贵妃75斤、公主30斤、皇子20斤、皇孙10斤。

八月

青铜剑气

古代人的创造
与物质文明

露凝而白也

白露

本月节气

　　白露是二十四节气中的第十五个节气，是秋季第三个节气。

　　此时，地球绕太阳公转轨道至黄经165°，"斗指庚"，一般在每年的阳历9月7日至9日交节。

　　为什么叫白露？古人以四时配五行，"秋属金，金色白"，故以白形容秋露，名"白露"。这个说法是有道理的，多露水是白露的一大特点。甲骨文中的"白"字很形象，就是水滴形状。

　　古人认为，到了白露，天地间"阴气渐重"。《月令七十二候集解》是这样说的："白露，八月节。秋属金，金色白，阴气渐重，露凝而白也。"

　　白露三候：一候鸿雁来，二候玄鸟归，三候群鸟养羞。鸿雁就是大雁，鸿雁一般二月北飞，八月南飞，这也证明了白露是八月节。玄鸟就是小燕子，一般春分而来，秋分而去，白露时节集中自北南归。而此时正是禽鸟储备越冬食物的时候。

　　这个时节适合到户外活动，秋高气爽，秋花浓艳，从舒适度来说，非常怡人。

白露

鴻鴈来　淮南子注時候之鴈從北
　　　　漠来過周雒南至彭蠡也元
鳥歸　　鳥燕也歸謂去蟄也凡
　　　　鳥之隨陰陽者皆不以中國為居
羣鳥養羞　鄭康成注羞謂所食也孔
　　　　　頴達疏䉣夏小正云羞者
　　　　　進也若食之
　　　　　珎羞相似

《二十四节气图》之白露（清·张若霭绘《墨妙珠林（卯）》，台北故宫博物院藏）

中国古代的航天神器

古代中国人的飞天梦想一直没断过。西汉末王莽时期,有人做出了人工翅膀,将之绑到身上后能连续飞行数百步,此即《汉书·王莽传》里的"取大鸟翮为两翼"一说。

古代中国最值得肯定的航天设想,是构思出了类似现代宇宙飞船的载人航天工具。

在《列仙传》中,周灵王时期的神话人物王子乔能驾驭"白鹤",还有叫萧史的"乘龙去"。这里的"白鹤"和"龙",其实都是古人想象的往返天地间的"载人航天器"。

先秦时,古人已制造出了航天器,记载见于《墨子·鲁问》。

设计者是木匠的祖师爷鲁班。他发明的"木鹊"能连续在天上飞行三日。后来,东汉的张衡、唐朝的韩志和,都曾发明出类似的简单飞行器。

与现代宇宙飞船功能接近的航天器设想出现在东晋时。

《博物志》中记载的"飞车"、《拾遗记》中记载的"巨槎"、《洞天集》中说的"仙槎",还有"魔毯""飞扫",都是类似飞船的载人航天工具。

巨槎与现代的宇宙飞船名称最接近。

"槎"即木筏,是小船;"巨槎"即超级木筏,是大船。晋人王嘉在志怪笔记《拾遗记》中称:"槎上有光,夜明昼灭……槎常浮绕四海……周而复始,名曰贯月槎,亦谓挂星槎。羽人栖息其上……"

从这段描述来看,巨槎的设计相当先进,是一种可以反复使用的载人飞船,与美国人马斯克的想法惊人地一致。

巨槎有可能是一种文学虚构,但反映了古代中国人的宇宙飞船设计理念非常棒。

宇宙飞船能飞上天,离不开助推的火箭。可以说,是火箭帮助地球人圆了航天之梦。世界上最早的火箭是谁发明的?不是外国人,是中国宋朝的冯继升。

冯继升是当时兵部的文职小官（令史），他在开宝三年（公元970年）向朝廷献上了自己发明的火箭，并当场做了表演。

皇帝赵匡胤很高兴，赏给他许多衣物和布匹，此即《宋史·兵志》上所记载的"时兵部令史冯继升等进火箭法，命试验，且赐衣物、束帛"。

需要说明的是，火箭的发明应该不是冯继升一个人的功劳，而是集体的智慧，是在不断改进的基础上才成熟起来的。

到赵恒（宋真宗）当皇帝的咸平三年（公元1000年），神卫兵器军队长唐福也向朝廷献上了一种火箭，另有火毯、火蒺藜等作战利器。

有人认为，宋人早期发明的火箭只是一种兵器，不能算现代火箭的雏形，真正的火箭发明时间应从南宋中叶算起。当时出现了一种烟火，被称为"地老鼠""走线流星"，制造原理与现代火箭一样，都是借助燃烧时喷出气体的反作用力而升天。特别是"走线流星"，与现代的火箭结构最为接近——在药筒上绑一根芦苇或竹签，作为定向装置。

"火箭"这一名词的出现时间则更早。

早在公元3世纪的三国时期就有了"火箭"一词。据《三国志》记载，当年蜀国军师诸葛亮在进攻郝昭统帅的魏军时用云梯和冲车攻城，郝昭便是使用火箭摧毁了蜀军的云梯。

美国人都崇拜的明朝"马斯克"

在航天飞行中，能够实现载人飞行才标志着一个国家航天技术的先进和成熟。现代载人航天的实现距今只有几十年时间，而中国在明朝便出现

火龍出水

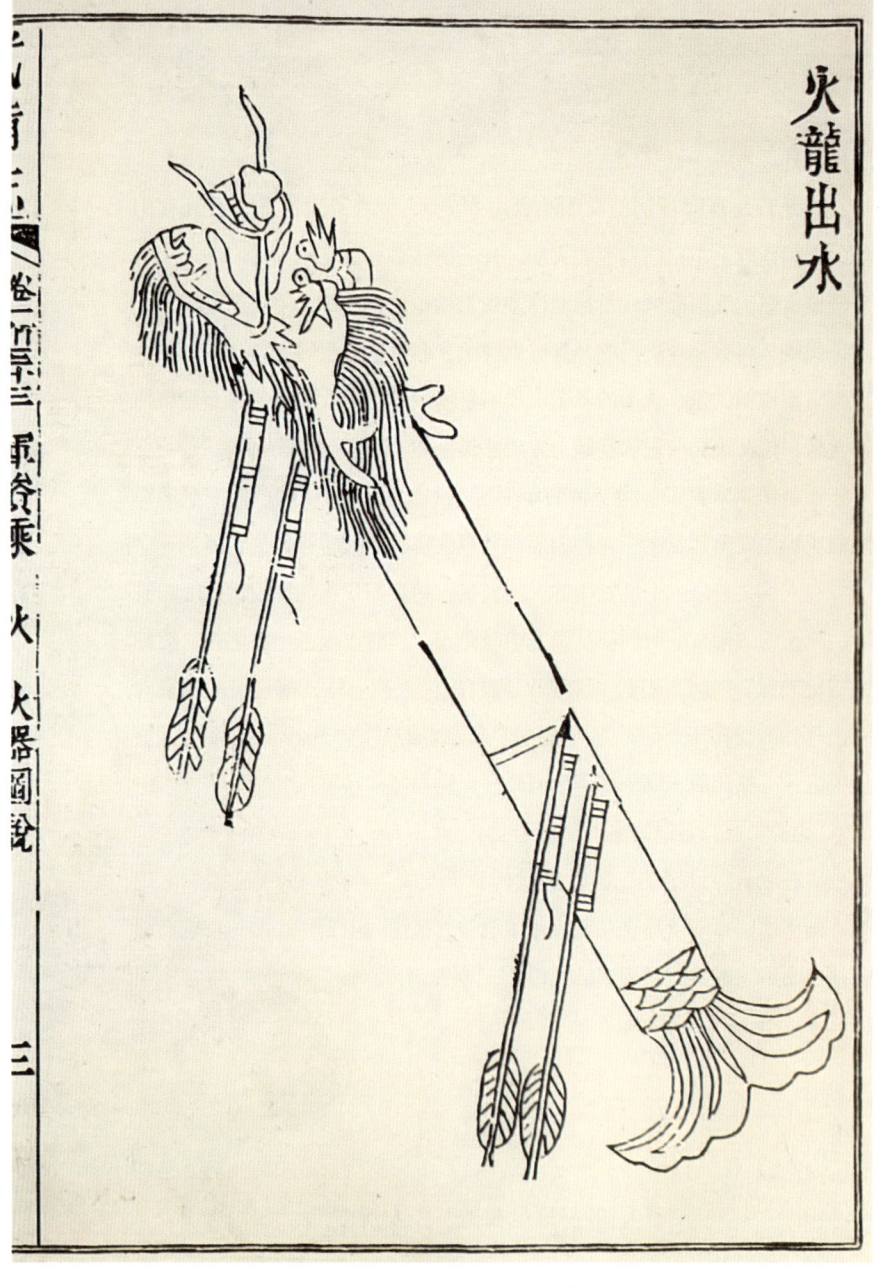

明朝新式武器"火龙出水",制造原理类似现代二级推进火箭,系古代中国首创
(明·茅元仪辑《武备志》卷一三三插图,中国国家图书馆藏)

了这样的载人飞行试验。

这个航天人名叫万户，也有人称他为"万虎"。可以说，他是中国明朝的"马斯克"。

现代航天大国美国对万户非常崇拜，他们的专家是这样记述中国古代这位航天人的航天事迹的："约14世纪之末，有一位中国的官吏叫万户，他在一把座椅的背后装上四十七枚当时可能买到的最大火箭。他把自己捆绑在椅子的前边，两只手各拿一个大风筝。然后他叫仆人同时点燃四十七枚大火箭，其目的是想借火箭向前推进的力量，加上风筝上升的力量飞向前方。"

上述"万户飞天"的故事出现在美国火箭学家赫伯特·S.基姆（Herbert·S.Zim）的《火箭和喷气发动机》（1945年出版）一书中。此故事在国际航空航天界非常流行，苏联、德国、英国等好多国家火箭专家的著作中都曾提到其人其事，并视万户为人类利用火箭作动力飞行的先驱。

后来，有人据此编写出了万户升天的故事，并给了他一份"简历"：木匠出身，曾供职于兵器制造局。但万户到底是人名还是职称，还是值得再研究的。

中国航空事业的先驱王士倬先生当年也曾给他的学生、中国航天事业的奠基人钱学森讲过万户飞天的故事。其版本与基姆说的不一样。王士倬称万户飞天发生于宪宗皇帝成化十九年（公元1483年），万户是一位富家子弟，他熟读诗书，但没去投考，因为他不爱官位，爱科学。

万户的飞行可以说是人类利用火箭作动力升天的最早试验活动。苏联火箭专家曾对此给予很高的评价："中国不仅是火箭的发明者，而且是首先利用固体燃料火箭把人送到空中去的幻想者。"

遗憾的是，万户的这次试验以失败告终，万户升空不久即摔下丧生。万户因此成了古代中国乃至世界为航天事业献身的第一人。

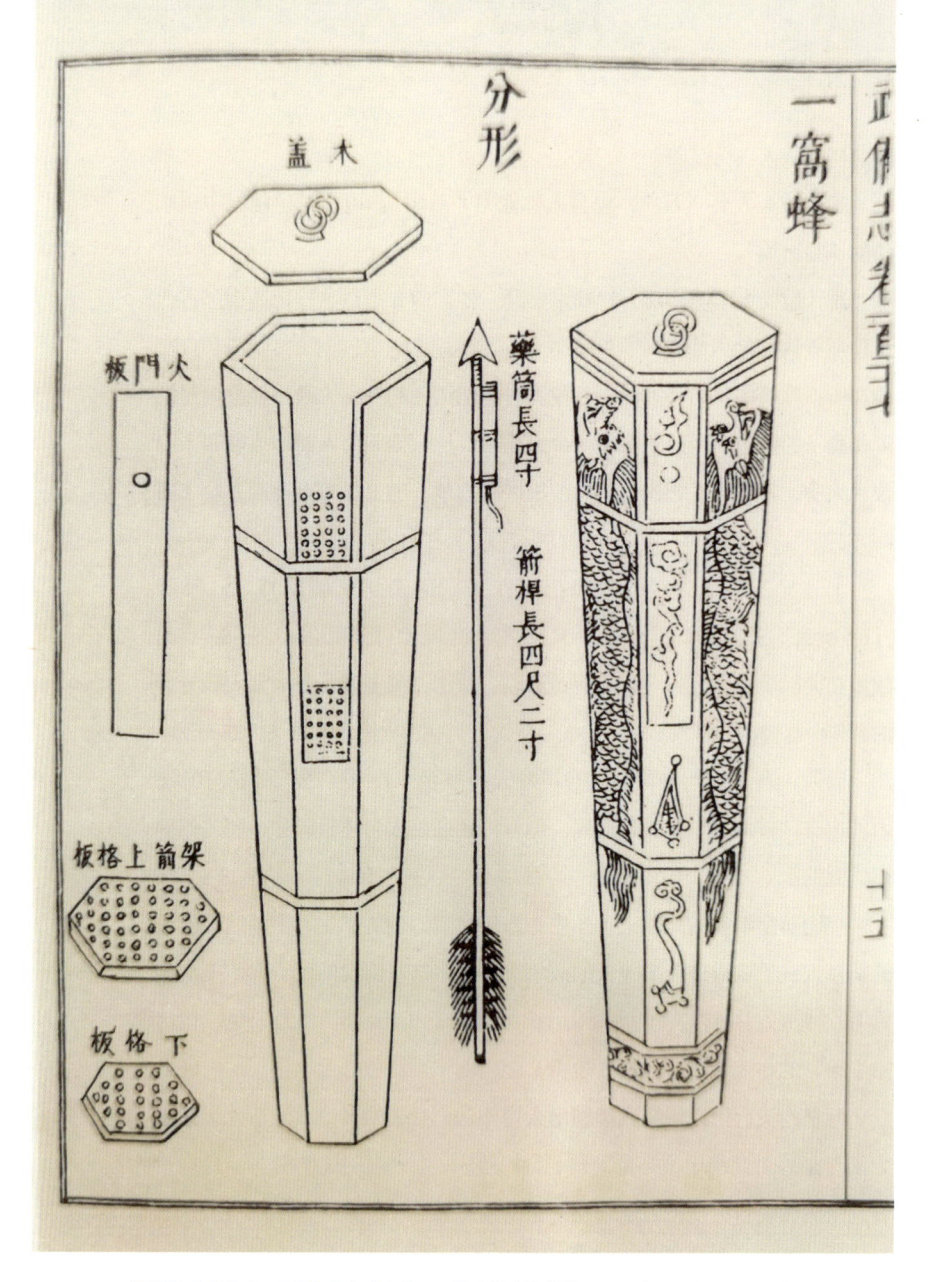

明朝新式武器"一窝蜂"集束式火箭,现代多管火炮的雏形,一次可以发三十二支箭
(明·茅元仪辑《武备志》卷一二七插图,中国国家图书馆藏)

古代海上卫星定位系统——牵星术

古代中国之所以能成为海上强国,与中国古人在航海技术上最先取得突破是分不开的。如舵、橹、锚、帆、船坞、罗盘、轮船、螺旋桨……这些与航海有关的硬件和技术,均是中国古人率先创造和发明的。

鲜为人知的是,中国古人还发明了古代版卫星导航定位系统——牵星术。

牵星术俗称"过洋牵星",这项发明与指南针一样了不起。其功能相当于现代卫星定位和导航,但不需要成本高昂的卫星和终端电子设备,仅借助于一种小木板,利用宇宙固有星体,就能完成船舶的海上定位和导航。

这在当年是最先进的航海技术,时称"火长"的船长们都擅此术。

这种小木板被中国古代的天文学家们称为"牵星板"。牵星板十分简单,呈正方形,共有十二块。最大的一块边长约明尺七寸七分,相当于二十四厘米,称作"十二指";其他几块依次为"十一指""十指""九指"……"一指";每块板边长相应递减两厘米,"一指"最小,边长为两厘米。

板的中心穿一根约七十二厘米长的绳子,使用时,左手拿着木板,右手牵着那根小绳子拉直,眼睛顺着右手的绳端向木板看去,使木板的上边缘对准星体,下边缘对准海平线。此时使用的牵星板是几指,星体的高度就是几指。"指"是古代观测星体高度的单位,一指合 $1°34'$ 上下。

测出星体高度后,对照《过洋牵星图》上标示的数据,便能定出船舶在海上的位置。如果观测的指数与图上无出入,说明船未偏离航线。

与《过洋牵星图》一样,必备的航海工具还有"航海图"。

中国最早绘出的一张航海图,是南海诸岛的海图。成书于13世纪初年、由南宋地理学家赵汝适撰写的《诸蕃志》中便曾提到过此图。

现在可以看到的中国最早的航海图是《郑和航海图》,为明宣德六年(公元1431年)郑和船队最后一次下西洋时所用的航海图,一直画到非洲东部,与现代卫星定位系统绘制出的航海图一样准确。

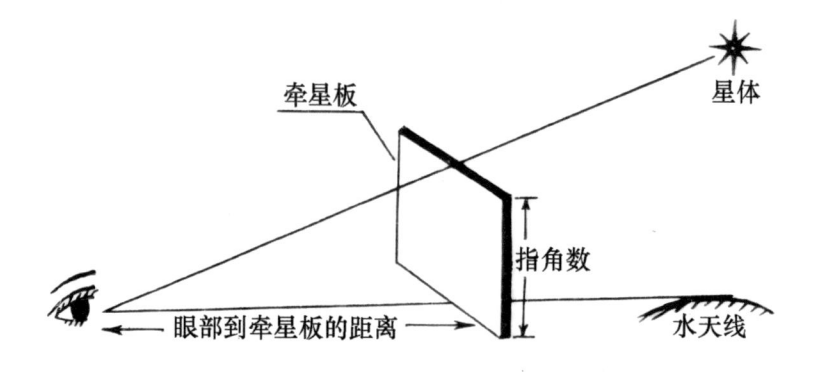

牵星板观星定位图示

古代中国的战舰与"航母"

先秦时代的楼船,到汉武帝时,已发展为巨型主力战船。

顾名思义,船大到可以在上面建高楼才叫"楼船"。据《史记·平准书》记载,楼船高十余丈,相当于今二十几米;楼分三层,分别叫"庐""飞庐""雀室",其中雀室是瞭望指挥平台,方便观察水上敌情。

古人还把城墙的防御设计理念带到了楼船上。船上各楼层都建有高约三尺的"女墙",作为士兵的军事掩体,同时在墙体上开设相当于今机枪眼的"箭孔",方便攻守。

为了防止船体被击穿,在没有现代军舰专用钢板的情况下,工程师在楼船的周边用坚硬的木板做出"战格",关键部分再蒙上皮革,以加强船身防护。

东汉时,战船的种类更多,功能也分得更细。主力战舰除楼船外,还有"斗舰"等;用于攻击且具有防护性能的有"蒙冲""露桡";用于前锋突击的有"先登";侦察哨兵行动时则乘坐"斥候"。

元狩三年(公元前120年),汉武帝下令在当时的首都长安城(今西

清朝豪华官船（清末广东画坊外销画《船式图册》，奥地利国家图书馆藏）

安）西南挖出方圆四十里的昆明池，建造楼船，训练汉朝水师，并以"楼船"命名了这支特种部队。

如果要比喻的话，楼船便是汉朝的航空母舰，至少也是一艘巡洋舰，是当时世界上最大的战船。除了作战，楼船还可当豪华渡轮使用，与制造惨剧、首航便沉没的英国泰坦尼克号有一拼。汉武帝便曾以海上寻仙为名，七次乘坐楼船巡海。

到唐朝，中国的"海上丝绸之路"已完全开辟。

阿拉伯商人苏莱曼于公元851年东游印度、中国等国。后来，他在其《东游记》中称，唐朝的海船特别大，波斯湾风高浪险，只有中国的海船能航行无阻，阿拉伯的货物都是装载在中国海船上进行远洋贸易的。

真正全面体现古代中国海上实力的，当是宋朝。宋朝设立了多处专门用来建造航海用船的大型船厂，比唐船形体更大的海船出现了。

1974年夏天，福建东南泉州湾后渚港出水了一艘宋朝海船，全船总长达35米，排水量至少在400吨，载重200吨以上；1987年，广东阳江海域发现"南海一号"宋朝海船,排水量可达800吨,载重400多吨。

最后考证,这些沉船均是宋朝进行海外贸易的远洋货轮。

从记载来看,考古发现的沉船还不是最大的,还有更大的。

宋人周去非所撰《岭外代答》中提到的"木兰舟"更大,也是当年远航南海的远洋货轮,"舟如巨室,帆若垂天之云,柂长数丈"。

这艘船一次可以载几百人,船上可储存一年的粮食。为了解决副食品的供应,古人还在船上养猪酿酒,即所谓"一舟数百人,中积一年粮,豢豕酿酒其中"。

明朝时,郑和下西洋用的大舻宝船也是当时世界上最大的。

原始计算器与秦始皇的"算袋"

算盘是古代中国人发明的一种人工计算器,此言不虚。

在算盘发明之前,古代中国人已使用了一种叫"算筹"的计算工具,这大概是中国最古老而又极原始的一种人工计算器。

算学研究专家推测,算筹的发明应与蓍草占卜有关联。

蓍草是植物的茎,古代巫师喜欢用它来占卜。占卜的过程其实就是一个运算过程,通过所得结果、根数的变化来判断吉凶。

算筹就是由算卦用的蓍草演化成"策"(细树枝),再演化成"筹"的。算筹可由竹、木、玉、骨等材料制成。《汉书·律历志》记载,西汉时的算筹"长六寸",多竹质,直径为一分。折算成现代长度单位,汉朝算筹约十四厘米长,直径约为两毫米。

1971年,陕西千阳县汉墓中出土了西汉宣帝时的圆形兽骨质算筹

西汉象牙算筹（1983年陕西旬阳县汉墓出土，陕西历史博物馆藏）

三十余枚，装在死者腰部的一个丝囊里。死人为何随葬算筹？这里涉及一种古代风尚。

算筹作为计算工具，在古人的生活中十分重要。所以，当时有点儿身份、有点儿文化的人都会随身佩戴装算筹的袋子，即算袋。这就像过去有点儿文化的人在上衣口袋中插钢笔一样。

中国历史上第一位皇帝秦始皇就是位喜欢数学的优秀筹算手，经常佩算袋出行。东南沿海的渔民至今仍有人把墨鱼（乌贼）称为算袋鱼，就是因为秦始皇。

有这么一个传说：有一次，秦始皇在海上巡游，将算袋扔进了海里，算袋遂化为墨鱼。此即宋人苏易简的《文房四谱》中所谓"昔秦王东游，弃算袋于海，化为此鱼，形一如算袋，两带极长"。

此事虽属无稽之谈，但透露出一个重要的史实：当时不少人出行确实是带着算筹的。

筹算有一套独特的计算口诀，如乘法使用的就是现在小学生都会背的

"九九口诀"。九九口诀在今天看起来很简单,但当年能发明出来是件了不起的事件,也是中国独有的算法。

在算筹的基础上才有了算盘。算盘到底是不是中国人的发明仍有争议,但算筹肯定是中国的发明。

古人如何确定"一斤"多重

说到短斤少两,大家就会想到"度量衡"的概念。

"度"表示长短,"量"代表体积,"衡"才是重量。"斤"是中国衡制中最为古老、使用最广的重量单位之一。虽然现代推行公斤(千克)制,但民间交易中仍习惯用斤,俗称"市斤"。

现代一斤相当于0.5公斤,为500克。那么古代一斤有多重?古今悬殊,且古代不同朝代、不同时期也不一样。从中国衡制发展史来看,中国早期斤重标准远少于现代。可以考证的最早的一斤约为147.5克。

这一结论源自《汉书·食物志》的记载:"太公为周立九府圜法:黄金方寸而重一斤。"这句话的大概意思是,姜太公为周朝建立了九府流通财币的办法,规定黄金一寸见方为一斤重。

这就是古人确定"一斤"重的规定。

"黄金方寸而重一斤",这是西周时的计重标准。西周时的一寸有多长?民国计量专家吴承洛据清吴大澂所藏"玉璧度尺",认为应是1.97厘米。据此推算,西周一寸立方黄金的体积为7.645立方厘米,乘以黄金的相对密度19.3克,便可知道西周时一斤为147.5克。

19.7厘米为周代"小尺"的标准长度,后来还有"大尺"。相应地,

古代街头称秤卖鱼场景（清·徐扬绘《姑苏繁华图》，局部，辽宁省博物馆藏）

一斤的重量也随之增加。

用黄金的比重来确定一斤重量的标准，在较富裕的齐国和盛产黄金的楚国等地广泛使用。而在产黑黍的地区则流行一种"黄钟定衡法"，以古黄钟一龠所容的一百二十粒黍之重为半两之重，约为7.8克，这样以十六两为一斤算起来，一斤约为250克，相当于现代的半斤。

"一斤为250克"是春秋战国时期多国使用的斤重标准。如北方的燕国，其一斤也接近250克。根据河北易县燕下都遗址战国墓出土的八件金饰背面斤两铭文推算，每斤合248.4克。

根据尺寸换算而来的斤重，随长度的变化而有差异，加上有的诸侯国用"黄金比重法"，有的则行"黄钟定衡法"，也造成了斤重的不同。基本上，中东部齐、楚等国的一斤少于250克，而中西部的秦、晋等国的一斤多于250克。

正因为度量衡的混乱，标准不一，秦始皇统一中国后，首先统一了度量衡。

昼夜均而寒暑平

秋分

本月节气

　　秋分是二十四节气中的第十六个节气，是秋季的第四个节气。

　　此时，地球绕太阳公转轨道至黄经180°，"斗指酉"，一般在每年的阳历9月22日至24日交节。

　　秋分与上半年的"春分"相对，这两个节气当天太阳几乎直射地球赤道，所以全球各地昼夜等长。《月令七十二候集解》称"分者，半也"，"正阴阳适中，故昼夜无长短云"。

　　秋分三候：一候雷始收声，二候蛰虫坯户，三候水始涸。大意是：秋分以后，雷声就少了；蛰居的小虫子开始藏进穴中；之前多见的阴雨天也少了，空气中水分减少，所谓"秋燥"现象出现。

　　秋分时节是秋天最完美的时候，而此时农事也多，秋收、秋耕、秋种"三秋大忙"也在这时。但农民不太喜欢秋分晴天，有"秋分日晴，万物不生""秋分有雨来年丰"这类说法。

秋分

雷始收聲 鄭康成注雷始收聲在地中動內物也孔穎達疏知動內物者以雷是陽氣主于動不惟地中潛伏而已至十一月一陽初生震下坤上復卦用事震為動坤為地是動於地下從此月為始故云動內物也

蟄蟲坯戶 鄭康成注坏益也蟄蟲益戶謂稍小之也孔穎達疏所以然者以陰氣將至故也

始涸 周語天根見而水涸

《二十四节气图》之秋分（清·张若霭绘《墨妙珠林（卯）》，台北故宫博物院藏）

古代的"保温锅"

天气转凉,保温锅又派上用场了。现代电饭锅都带有保温功能,通过不断加热实现保温,以保证食物不冷。

这种原理的保温锅,早在新石器时代已出现,到商周时已相当常见。考古出土的"温鼎"就是这类保温锅,只不过不是使用电能保温,而是通过柴、木炭等燃料来保温。

笔者见到的年代最早的温鼎,是出土于南京的"四足双层方陶鼎"。1989年5月,人们在南京高淳县固城镇檀村东南一大土墩处挖水渠时,发现了属于新石器时代的"朝墩头遗址"。南京博物院与县文管所对此遗址进行了考古发掘,出土了大量文物,其中就有这件已残破的四足双层方陶鼎,鼎的下层可放置燃料,给食物加热、保温。

到青铜时代,这种食物保温器物做得已相当精致和讲究了。

现代考古出土的商周温鼎有圆形、方形、异形等不同器形,既有封闭结构的,也有保留着新石器时代特征的敞露结构的。1989年江西新干大洋洲商墓中出土的一件温鼎便是封装式的,现收藏于江西省博物馆。

江西这件温鼎器形相当精美,被定名为"兽面纹青铜温鼎"。此鼎系两次铸接成形,活门先铸,鼎体浑铸,并与活门相连,"整个器物造型奇特之处在于夹层,可在内放置炭火,保持鼎内食物常温不冷"。

同形制的温鼎,北京故宫博物院也收藏有一件。

类似带门结构的温食器物已出土不少,比较独特的是1976年12月陕西扶风县庄白村西周青铜器窖藏出土的"刖人守门方鼎",该鼎现为陕西省周原博物馆藏品。

"刖人守门方鼎"的独特处在其炉膛正面所铸的两扇门上:右门外浮雕刖足(被砍左足)者持一插关,这与史书上"刖者守门"的记载相符;左门有虎头关口,两侧铸方孔窗户。该鼎炉底镂有五个小方孔,可出烟,

青铜温鼎：底部有一圆筒形炉腔，下接置放炭火的炭盘，有现代火锅或保温锅的功能（2016年西汉海昏侯墓出土，南昌汉代海昏侯国遗址博物馆藏）

通风助燃。

敞露结构的温鼎又称"盘鼎"。顾名思义，鼎下有放置燃料的托盘。

1992年山西曲沃县北赵村晋侯墓地十三号墓（晋武侯夫人墓）中出土的一件青铜温食器就是这种盘鼎，上有"晋侯作旅鼎"五字铭文。该盘鼎腹略鼓，双附耳，三卷尾鸟形扁足，三足连铸，有圆形托盘，盘底有三个"十"字形镂孔。

古代的高科技灯具

从史料来看，孔明灯与走马灯、蟠螭灯同为中国人发明的三大名灯。

孔明灯传说是诸葛亮发明的，古称"飏灯"；因为升扬在空中，又称"天灯"；燃料后来多用松脂，也叫"松脂灯"。孔明灯充分利用了热浮力原理，在早期是一种高科技发明，还曾被运用于军事上，是夜间用来传递军事信息的"信号灯"。

"走马灯"的科技感更明显。

宋人范成大的诗句"映光鱼隐见，转影骑纵横"，说的就是这种灯。

走马灯又称"马骑灯"。这种灯与一位古代名人有关，他就是北宋名相王安石。

传王安石当年到汴京赶考，路过京郊一个叫马家镇的地方时见一大户人家悬联招婿，门前高悬一只走马灯，上有一联：走马灯，灯走马，灯熄马停步。只要能对出下联，即会被招为东床快婿。

王安石急于赶考，一时未对出。在考场上，王安石交了头卷。主考官有意试一下其才，遂出了"飞虎旗，旗飞虎，旗卷虎藏身"一联，让王安石应对。

王安石想到了马家镇的招婿联，随口而出。主考官拍案称绝，大为赞赏。

中榜后，王安石荣归故里。经过马家镇时，他见那联还在应征，遂用主考官的"飞虎旗"联应对，抱得美人归。

显然，王安石与走马灯的故事已无从查证。但结合时人留下的诗文来看，宋朝人玩走马灯是不争的事实。而且，与火药一样，走马灯也是在宋朝时传入了西亚。

走马灯与孔明灯都利用了热学原理，不同之处是，孔明灯是往上升的，走马灯是在地上旋转的。元人谢宗可的《走马灯》称："飙轮拥骑驾

古代元宵节南京夫子庙前竖有巨人的走马灯，右下图为现代复制的走马灯
（明·佚名绘《上元灯彩图》，局部，民间藏）

炎精,飞绕人间不夜城。风鬣追星低弄影,霜蹄逐电去无声。"

当代已故中国科学院院士、机械学家刘仙洲曾仿制出古代的走马灯。

到清朝时,走马灯工艺已完全民间化,普通艺人也会做。清代富察敦崇的《燕京岁时记》中"走马灯"是这样说的:"走马灯者,剪纸为轮,以烛嘘之,则车驰马骤,团团不休,烛灭则顿止矣。"

走马灯通过下部热空气上升,冲动叶轮旋转,从原理上讲是现代燃气轮机的滥觞。这是古代中国人的又一发明和贡献。

值得一提的是,走马灯在宋朝运用最成熟,但并不是宋朝独有的。早在西汉时,人们就利用热对流原理设计出了"蟠螭灯",在唐朝时叫"转鹭灯"。

"天下第一剑" 到底是哪一把

"男儿何不带吴钩,收取关山五十州。"

吴钩是吴国兵器,不是钩,是一种略呈弧形的特种剑,比直剑更令人胆寒。

有人说剑是越国的利刃。不可否认,越国有超高的铸造工艺,吴王阖闾就是被越国利戈伤了脚趾染病去世的。所以,继位的吴王夫差在全国征召能工巧匠,打造钩、矛、剑等精良兵器,重振国威,南讨越国,逼勾践求和。

据说夫差特意铸了千把宝剑,勒铭"吴王夫差剑",赏赐勇士。

1976年4月,在出土越王勾践剑的楚国故地湖北,考古学员意外挖出了一把吴王夫差剑。

因为早几年出土的越王勾践剑影响太大，吴王夫差剑的光辉被遮掩，以致其鲜为人知。

吴王夫差剑为圆首，空茎无箍，窄格，隆脊。出土时状况不好，剑在鞘内，剑首残缺，剑柄断为三截，剑锋和锋锷已被腐蚀，略残。

剑身上有两行铭文："攻吴王夫差，自乍其元用。"

需要说明的是，吴王夫差剑不是孤品，河南辉县、山东平度等地也都有发现。后来，吴王剑也有了新的考古发现：河南安阳汤阴县羑河东周墓地出土了夫差剑的祖剑——吴王诸樊剑。

诸樊剑也不是孤品。之前安徽淮南市赵家孤堆战国墓中就曾出土过一把，是诸樊未称王时的用剑，故称"太子诸樊剑"。

1965年，越王剑也被发现了。

越王勾践剑出土于湖北荆州江陵。鲜为人知的是，其子孙剑后来也在那里被挖了出来，它们分别是1974年出土的越王不光剑、1986年出土的越王鹿郢剑和1987年出土的越王州勾剑。

四代越王剑中，勾践剑是孤品，其他三代越王剑国内出土的和存世的均不止一把。

州勾剑至少有十五把，不光剑至少有十三把，鹿郢剑至少有三把，分别藏于湖北、荆州、上海、河南、浙江、寿春等十多家省、市博物馆。

哪代越王剑最厉害？四代剑都非常优秀，其中以勾践剑和鹿郢剑最厉害，一样锋利，千年不锈。鹿郢剑刚出土时与勾践剑一样寒光闪闪，但装饰更精致，剑格两面有凸出的八字铭文，文字间用绿松石镶嵌填平。

文物以稀为贵。孤品勾践剑胜出，人称"天下第一剑"！

越王勾践剑，国家一级文物（1965年荆州望山楚墓群一号墓出土，湖北省博物馆藏）

"金缕玉衣"到底多值钱

1968年7月,河北满城汉墓出土了一件国宝级文物——完整的金缕玉衣。

这是中国考古首次发现保存完整的玉衣,也是迄今最完整的一件。在场的考古人员也是第一次见到玉衣,眼都看直了。

其实,玉衣是汉朝权贵死后的常用丧服,用金丝、银丝或铜丝穿缀而成,也有用普通丝线编缀的。

在目前国内已修复的玉衣中,所用玉片最多的是江苏徐州狮子山汉墓出土的玉衣,共用玉片4248块,编缀修复用了三斤多金丝。

值得注意的是,现收藏于博物馆中的"国宝级"玉衣,所用玉片竟然都是废旧玉,或是用下脚料加工而来的,而非精玉。

如南越王赵眜的玉衣所用玉片便是利用废旧玉器和边角料切成的,玉片厚薄不一,边缘多未磨平,很粗糙。同样地,徐州狮子山汉墓出土的玉衣,所用玉片上原器物的花纹和图案都还在。

盗墓者为什么不要玉衣?原因就在这里,玉片不值钱!

盗墓者感兴趣的是编缀玉衣的金丝、银丝,将其抽走后往往将玉片遗弃。徐州狮子山汉墓考古现场便发现了这种情况。玉衣已被盗墓者从死者身上扒下来并拽出棺室,玉片散落于玄宫、内墓道和盗洞中,这便是盗墓者当年抽取金丝后造成的。

西汉中山靖王刘胜金缕玉衣，国家一级文物（1968年满城汉墓出土，河北省博物馆藏）

西汉中山靖王刘胜王后窦绾金缕玉衣，国家一级文物（1968年满城汉墓出土，河北省博物馆藏）

中国旅游标志的原型
到底是什么

　　大家到中国各大景区旅游时，经常能看到一个旅游标志——奔马。这标志是怎么来的？其原型源于甘肃武威出土的国宝级文物"铜奔马"。

　　铜奔马的出土令人很意外。

　　其出土地位于当时武威县城北大约一千米处，那里原是新鲜人民公社新鲜大队第十三生产队所在地，如今已是市区的一部分了。1969年9月

中国旅游标志原型——铜奔马（1969年甘肃省武威市雷台汉墓出土，甘肃省博物馆藏）

10日，在当时"备战、备荒、为人民"的号召下，新鲜公社正在按县里的部署挖战备地道，地道入口就选在当时的特大土堆"雷台"的南侧，参加挖地道的是新鲜大队的村民农们。

在挖掘过程中，一个农民一镐刨下去手被震了一下，感觉刨在了砖块上，再来几下就掘出了一个大洞……就此，人们发现了一座埋葬一千多年的古墓葬，并出土随葬文物231件，其中就有后来被称为"马踏飞燕"的铜奔马。

首先被世人关注的，是铜奔马蹄下所踏之鸟。

1971年9月，著名考古学家、人大常委会副委员长郭沫若陪同柬埔寨王国民族团结政府宾努首相在甘肃省博物馆参观时发现了铜奔马，称其为"马踏飞燕"，并且当场泼墨写下了"四海盛赞铜奔马，人人争说金缕衣"的豪迈诗句。

由此,"马踏飞燕"的名声不胫而走。命名者无外乎是依据铜奔马的外部造型而给予其一个极其形象的名称。

不过,仅从外部形态观之,这样形象、直观的解释受到了质疑。因为马蹄下之鸟的尾巴不是剪刀状,有人据此提出铜奔马蹄下所踏之鸟并非燕子。

因为铜奔马蹄下之鸟鸟尾不分叉这一特征和甘肃河西地区常见的两种鹰——苍鹰和雀鹰——颇相似,且鸟尾有一小孔与猎鹰尾常常系铃与绚索的特征相符,有人认为铜奔马蹄下之鸟是一只猎鹰。

后来又有学者认为此鸟是乌鸦。在我国古代神话传说中,"乌鸦"即"太阳"。此外,该文物还有"马超龙雀""马踏飞隼""马踏乌鸦""飞廉铜马""飞燕骝"等叫法。

<u>中国文博界尚无定论的"鸟"东西</u>

山西博物院有很多国宝级文物,其中有一件镇馆之宝——晋侯鸟尊——最受关注,也最具争议。它到底是什么"鸟"东西?

鸟尊于20世纪90年代出土于山西临汾市曲沃县和翼城县交界处的晋侯墓地M114号燮父墓,高39厘米,长30.5厘米,宽17.5厘米,身上有铭文"晋侯作向太室宝尊彝"。整件鸟尊被设计成"凤鸟回眸"的造型,头部微微昂起,上面高高的冠子直立,通体较为丰腴,双翼微向上卷,背上还立了一只小鸟作钮用,相当漂亮。

这真是凤凰?说来话长。

鸟尊（山西曲沃晋侯墓地M114号燮父墓出土，山西博物院藏）

这件鸟尊差点儿被盗墓者得手。其出土位置就在盗洞附近，出土时没有尾巴，被盗墓者弄断了，而且中间缺了一段。后由上海博物馆专家修复，将尾巴接了上去，尾巴向内卷。

但尾巴接好后，争议就出现了。此鸟尾与一般鸟尾不同，呈"象鼻"状，该向里卷还是向外卷？有人指出修复错了。

其直接理由是，2002年山西翼城县大河口墓中出土了一件铜鸟形盉，造型与鸟尊非常相似，其"象鼻"尾巴是向外卷的。而且，随后发现的类似文物，尾巴都是向外卷的。

最大争议其实不在尾巴上，而在造型上。有人说鸟尊是凤凰，但谁见过凤凰尾巴像大象鼻子的？！如果说它是一种鸟，但它又有点儿像鸡，可鸡的尾巴也不是象鼻状的。

所以，鸟尊是什么"鸟"，文博界至今仍无定论。

九月

早卧早起
与鸟具兴

古代人的生活秩序

寒露

本月节气

露气寒冷 将凝结也

寒露是二十四节气中的第十七个节气,是秋季的第五个节气。

此时,地球绕太阳公转轨道至黄经195°,"斗指辛",一般在每年的阳历10月7日至9日交节。

《月令七十二候集解》称:"寒露,九月节,露气寒冷,将凝结也。"二十四节气中带"露"的节气,除了"寒露",还有前面的"白露",都与空气中的水分有关。时至寒露,已入深秋,感觉水凉了,要加衣了。所以宋人王安石的诗称"空庭得秋长漫漫,寒露入暮愁衣单"。

寒露三候:一候鸿雁来宾,二候雀入大水为蛤,三候菊有黄华。寒露与白露的气候特征中都提到了大雁,白露时节大雁开始南飞,寒露时则是大部队出发。雀鸟少了,但海边的蛤蜊多了起来。三候最有深秋意,此时桂花飘香,菊花绽放,秋意盎然。

寒露

鴻鴈來賓　集說鴈以仲秋先至者為主季秋後至者為賓如先登者為主人後之以登者為客也鄭康成注大戴禮也孔穎達疏按國語雀入於海為蛤故知大水是海也

雀入大水為蛤

菊有黃華　集說菊色不一而專言黃者秋令在金金自有五色而黃為貴故菊色以黃為正也

《二十四节气图》之寒露（清·张若霭绘《墨妙珠林（卯）》，台北故宫博物院藏）

古代最会睡的人能睡多久

就睡觉而言,古代不少名人都有一番经验之谈。北宋文人苏东坡就是一位会睡觉的高人,他曾与同为文人的李廌聊过睡觉之妙。

李廌在《师友谈记》中记下了苏东坡当时的一番高论,题为"东坡言寝寐得三昧"。

苏东坡睡觉时首先会调整睡姿,让四肢舒服,哪怕有一点儿不稳当、不舒服处,他都睡不着,一定要安排稳当后才能睡。躺到床上,正式开始睡觉时,他会"瞑目听息","不可少有蠕动"。他说这样做是"务在定心胜之"。

苏东坡虽然很会睡觉,但他从不睡懒觉,讲究早起,每天"五更初起"——这起床时间够早。虽然苏东坡不睡懒觉,但起来后并不会立即投入工作和学习,而是先梳头洗脸一番,穿戴整齐后再找一张干净的榻闭眼躺一会儿,称作"假寐"。

这样的"假寐"即我们所说的"再眯一会儿",无异于回笼觉。苏东坡乐于假寐,并深得其妙,称"数刻之味,其美无涯;通夕之味,殆非可比"。

从古人所留笔记来看,中国历代人物中,宋朝人应该是最会睡觉的,不只睡得十分认真,还睡出了不少理论。这或与北宋的时局有关。

宋朝因为会睡觉而出名的,并数不到苏东坡,而是一个叫陈抟的人。

陈抟在《宋史》上有传,列于"隐逸"人物类。他是宋初著名思想家,在中国道教发展史上发挥过重要作用,人称"陈抟老祖"。

陈抟是一位"善睡觉"的大师级人物,最会睡觉,也最能睡觉。

怎么个"善睡"法?据《宋史·陈抟传》记载,他"每寝处,多百余日不起"。意思是,陈抟一觉能睡一百多天。因为太能睡,陈抟还有"睡仙"之美誉。

陈抟能睡会睡,还有"睡品",睡出了境界。陈抟早年"进士不第,

睡佛（南宋·陆信忠绘《释迦涅槃图》，局部，日本奈良国立博物馆藏）

遂不求禄仕，以山水为乐"。宋太宗赵光义久闻其名，曾派人到其隐居地华山请他出山，入朝为官。据传宋太宗甚至因此给陈抟作诗："如今若肯随征召，总把三峰乞与君。"但陈抟不为所动，以《答使者辞不赴诏》回应："轩冕浮云绝念虑，三峰只乞睡千年。"

"三峰只乞睡千年"，这是何等厉害的睡觉境界！

其实，陈抟睡的不是懒觉，他把睡觉当成了一种养生手段，而且还会"导养及还丹之事"，因此活了118岁。

古人走路的讲究

你会不会走路？可能有读者会觉得这个问题很好笑，谁不会走路呀？事实上，很多人并不会走路，不知道走路的规则。

在没有代步工具或代步工具未普及的时代，人们出行只能靠走。东汉许慎所撰的《说文解字》中，仅"走"部便收录了85个字，和"行走"相关的字则在200个以上，可见古人对"走"的观察和分析多么细致。

行走的字义，古今差别比较大。

汉朝的《释名·释姿容》中称"徐行曰步""两脚进曰行""疾行曰趋""疾趋曰走"。现代的散步，古人叫"步"，而当时的"行"才是今天的"走"；古人如果说"走"，那就是今天的"跑"了。

何时该"行"，何时该"走"，古人是有严格讲究的。先秦时期，中国已形成一套成熟的"行走礼仪"。成书于秦汉间、被列入"十三经"的《尔雅·释宫》称："室中谓之时，堂上谓之行，堂下谓之步，门外谓之趋，中庭谓之走，大路谓之奔。"

在古代，孩子一生要学两次"走路"。一次是一两岁时学习如何走路，另外一次则是到了入学年龄学走路礼仪。

南宋著名理学家、教育家朱熹所编撰的《童蒙须知·语言步趋第二》中是这样训诫孩子的："凡步行趋跄，须是端正，不可疾走跳踯。若父母长上有所唤召，却当疾走而前，不可舒缓。"

从中可以看出，走路要从容、规范。通常情况下，不要手舞足蹈，更不宜慌慌忙忙，而要稳稳当当地走，即所谓"安步"。即使在家里，也不要一纵一跳地走，让来人看见实在不像话。只有一种情况下，在家可跑着走，就是有长辈喊你的时候。

为了方便孩子背诵记忆，后人将朱熹之言诗化为《童蒙须知韵语》："凡出入进退，行步要安详。掉臂与跳足，容止殊不臧。惟有长者召，疾

古人赴会场景，仆从在前面小跑（宋·佚名绘《春宴图卷》，局部，北京故宫博物院藏）

步却无妨。于此过舒迟，不似弟子行。"

对于走路时的发力轻重，古人认为不宜太用力，应轻巧，"轻贵重贱"。

过去的算命先生便会通过观察一个人的"行"来推测其命运的好坏。如被收入清《四库全书》的《太清神鉴》卷四"行部"条称："是以贵人之行，如水而流下，身重而脚轻；小人之行，如火炎上，身轻而脚重。"

这种说法很迷信，也很荒唐，但从侧面说明了古人对"如何走路"很重视，很在意。

古人走路靠右还是靠左

现代人是"靠右走",古人靠哪边走?有的人认为是"靠右走",有的人认为是"靠左走"。其实,这两种走法都存在过,不同朝代有不同风尚。归纳起来,古人主要有三种"走法":

较早的走法,是"男右女左"。在先秦,男人和女人是不能同行的,要分两边走。《礼记·王制》中规定:"道路,男子由右,妇人由左,车从中央。"意思是,在道路上,男的靠右走,女的靠左走,车辆从路中间通行。

此规定对早期民俗有很深的影响。据《仪礼·士昏礼》,秦汉及以前,女儿出嫁时必须从左边走出去,站在母亲的左边,即所谓"女出于母左,父西面戒之"。

"男右女左"分开走的规定又叫"男女异路",到汉魏时还曾出现过强制推广的现象。西汉末篡位建立"新朝"的王莽推行周制,其中有一条就是效法《礼记》中的"男女分开走"。《汉书·王莽传》记载,王莽要求推行"男女异路之制,犯者象刑"。

到了唐朝,则规定统一"靠右走"。这种走法又称"来左去右",不分男女。此走法是一个叫马周的人提出来的。

据唐朝刘𬷔的《隋唐嘉话》记,马周以布衣身份给当时的皇帝太宗李世民上书,提出了一系列教化民众、创建新型社会风气的建议,其中就有行人的走法:"旧诸街晨昏传叫,以警行者,代之以鼓,城门入由左,出由右。"

马周建议,进出城门要分开从两边走,进城的走左边,出城的走右边。实际上,这种情况进出都是"靠右走"。由此还形成了中国古代特有的"左迎右送"礼俗,即迎人站在路的左边,送人站在路的右边。

古人最习惯的走法,应该是"靠左走"。

唐朝规定"来左去右",实际是一种进出城门的规则,到宋朝更多是"靠左走"。朱熹的《童蒙须知·杂细事宜第五》中要求:"凡侍长上出行，必居路之右。"

为什么陪同年长者出行，要走在老者的右边？因为行人是靠左走的。"必居路之右"的理论基础基于两点：一、左尊右卑；二、有利于保护老者，降低交通风险。

古人出行的讲究

在古代，远行者对自身的安全是极为重视的，由此形成了不少行旅禁忌。

古人迷信，认为旅途有神灵，称之为"祖神"，民间视其为"行神"，也叫"道神""路神"。古人心里的行神，一说是共工之子修，一说是黄帝之子累祖。不论是谁，他们都喜欢远游，最后死于旅途中，由此成了路神。所以，古人远行前都会在道路边祭祀一下，以求旅途平安。

古人出行的另一特别之处，是喜欢择日子。因为古人认为路上有在四方云游的"噩神"，故出行时要挑好日子，以避之。一般来说，古人有"七不出，八不归"的讲究，即不选择在阴历初七、十七、二十七出行，避免在初八、十八、二十八三日归家。这一风俗的形成，可能与过去休妻的"七出"和谐音"不（八）归"有关。

在远行时节上，古人也挺在意的。早期有"六腊月出门，神仙也遭难"一说。"六"指阴历六月，正处炎热的夏季，腊月则太冷。在交通条件不好的古代，大暑天和大寒天出门确实不好，困难很多。为此，连古代官员升迁就任都要避开六月和腊月，有"五月到官，至免不迁"的规矩。

对于不同年龄的远行者，风俗上也有不同的要求。如"老不上北，少不上南""老不入川，少不游广"，近代还有"老不走新疆，少不走苏杭"

的说法。此外，古代人往往结伴出行，"一人不上路，二人不看井"。这是为了在旅途中遇到危险时好有人照应一下。如果孤身一人远行，即使在通信发达的现代，危险系数也是比较高的。

显然，上述不少说法在今天看来就是封建迷信。比如出行日期的讲究就很好笑，显得愚昧。但迷信的背后是一种善良的祈愿，是避凶求吉的愿望。古代亲朋远行时讲究"饯行"便与此相关。

如果评选古代最有名的一次送别，唐朝诗人王维送别友人元二那次，应当入围备选名单。有一年春天，王维在渭城客舍中设宴，请即将远行的元二喝酒，还写下了著名的离别诗《送元二使安西》："渭城朝雨浥轻尘，客舍青青柳色新。劝君更尽一杯酒，西出阳关无故人。"

王维请酒送行，古谓"饯饮"，是古代最为常见的一种送别方式，至今仍流行。"饯饮"一般在远行者上路前进行，其源于先秦时流行的一种叫"祖"的风俗。所谓"祖"，原本是出行时祭祀路神的行为，目的是祈求旅途平安。唐朝司马贞在《史记索隐》中称："祖者，行神，行而祭之，故曰'祖'也。"后来干脆将送行喝酒称为"祖"，东汉学者郑玄即称："将行而饮酒，曰'祖'。"

"祖"又称"祖行"，在先秦时属"七祀"（或"五礼"）之一，为"行祀礼"，时人出行必不可缺。行祀礼是怎么形成的？据说与黄帝之子累祖有关。累祖远游时死于途中，于是人们为他举行了路祭活动。后来，路祭逐渐流变为以饯行为主要内容的送别民俗，累祖也变身为"行神"。

古人祖行颇为讲究，有一套成熟的程序，且多在驿馆内或路边设帐，摆上酒筵，称为"祖帐"，也称"祖饯""祖席""祖筵"等。

这一方式在唐朝文人中间特别盛行。张籍的《送友人卢处士游吴越》记述的便是他为将去今江浙一带旅游的好友卢处士而搞的送别活动："羡君东去见残梅，惟有王孙独未回……风满驿楼潮欲来。"时已"春草上高台"，张籍在驿站的楼上摆了一桌酒菜为友人送行。

李白的《留别金陵诸公》记述的则是他当年离开南京时，南京友人在

古人远行场景（清·佚名绘《苏州市景商业图册》，法国国家图书馆藏）

白下亭为他送别的情况："五月金陵西，祖余白下亭。欲寻庐峰顶，先绕汉水行。"

其实，只要朋友圈有人远行，不论是游玩、回乡，还是赴任、卸任、远征，古人都会"祖"一下。刘禹锡的《送河南皇甫少尹赴绛州》一诗，记述的就是他为皇甫少尹到山西任职而搞的送别活动："祖帐临周道，前旌指晋城……"

> 气肃而凝
> 露结为霜矣

本月节气

霜降

霜降是二十四节气中的第十八个节气,是秋季的最后一个节气。

此时,地球绕太阳公转轨道至黄经210°,"斗指戌",一般在每年的阳历10月23日至24日交节。

"霜降"节气名说得很直接,时序至此就下霜了。古人认为,霜降时节,万物毕成,毕入于戌,阳下入地,阴气始凝,天气渐寒,所以才开始下霜。《月令七十二候集解》称:"霜降,九月中。气肃而凝,露结为霜矣。"

霜降是秋的尾巴。秋收扫尾,北方收藏蔬菜,南方收割晚稻,能收尽收,就是没成熟也不能等了。

霜降三候:一候豺乃祭兽,二候草木黄落,三候蛰虫咸俯。意思是,到了霜降,豺这类野兽要储备越冬食物了;户外草木枯黄,树叶飘落;与春季的惊蛰节气不同,此时的蛰虫都躲进了洞中,要进入冬眠了。

霜降

豺乃祭獸 孔穎達疏禽獸皆殺
之但殺獸而又陳
草木黄落 之周書草木不黄
落是為愆陽
蟄蟲咸
俯 孔穎達疏前月但藏而坏戶至此月既寒
故垂頭向下以隨陽氣陽氣稍沉在下也

《二十四节气图》之霜降（清·张若霭绘《墨妙珠林（卯）》，台北故宫博物院藏）

古代路上会查"身份证"吗

千万别以为古代出行完全自由,实际上,古代水陆交通都查验"身份证"。

唐朝诗人元结的《欸乃曲》写的就是在湘江上夜里被查问的情形:"湘江二月春水平,满月和风宜夜行。唱桡欲过平阳戍,守吏相呼问姓名。"

出门远游的旅行者必须带上"传""过所"这类证件,否则相当麻烦,会频遇"行路难"。《唐六典》上便有规定,各地检查站(关防)的长官要切实做好查验工作:"凡行人车马出入往来,必据过所以勘之。"如果冒用他人过所,或是不应该持有的持过所者,要判刑一年。

查验"身份证"并非唐朝的发明,先秦时已有规定。1975年湖北云梦睡虎地秦墓中出土了一批竹简,人们从中便发现了《游士律》。此律可以说是中国最早的旅游法规,其中有这样的规定:"游士在,亡符,居县赀一甲,卒岁,责之。"大概意思是,如果旅游者丢失了通行证明,要交一身衣甲的罚款,到年底时统一征收。

此外,古人远行有时还会带上"行路指南"这种旅游指导类书籍。如《一统路程图记》《水陆路程》《士商类要》《图像南北两京路程》等,在当时很受旅行者欢迎,可以解决旅行中遇到的诸多问题。

唐朝人的"郊游热"

由于国家分裂、时局动荡,魏晋文人郊游虽然游出了最高境界,但

"郊游热"在普通民众间并未兴起,仅属"小众游"。到了唐朝,才形成真正的全国性群众"郊游热"。

唐朝的郊游热以京城长安为最。杜甫的《丽人行》一诗称:"三月三日天气新,长安水边多丽人。"五代王仁裕《开元天宝遗事》中"游盖飘青云"条也称:"长安春时,盛于游赏,园林树木无闲地。"

长安城东南郊的"曲江风景区",是当时长安市民郊游的最佳去处。曲江是一个人工湖泊,开凿于隋初,并依水建了御用景观。它虽属皇家花园,却对市民开放。每到中和节和上巳节,曲江两岸熙熙攘攘,游人如潮。

由于春天大家倾城出游,以致长安几乎成为一座空城。唐朝的新科进士在上巳节前正式放榜,会聚京城的学子更会利用这个机会到曲江尽情游玩,有钱的学子还会到教坊(青楼)请来"小姐"陪游。

除了中和节和上巳节,唐人还喜欢在立春和清明节外出郊游。白居易的《立春日酬钱员外曲江同行见赠》写的便是他立春这天与钱员外郊游的情况:"下直遇春日,垂鞭出禁闱。两人携手语,十里看山归……"

与先秦的"风情"、魏晋的"精神"不同,唐人郊游特别在意物质享受,郊游期间吃喝之风盛行。白居易所谓的"酬钱员外",便是请钱员外吃饭的意思。

唐人郊游吃喝之风,从现代考古发现中也可看出一二。1978年发掘的西安市南里王村韦氏家族墓墓室东壁北侧,曾发现一幅高200厘米、宽360厘米的壁画——《宴饮图》。壁画所描绘的内容便是中唐前期盛行的有钱人在郊外游玩享宴的场面:长方形的矮案上摆满各种食物,画面上人物众多,除了参加宴会的人,还有随从、仆人。画面上执鞭的车夫和画面上方所绘的浮云、花草,以及下方的岩石,这些元素的存在说明此宴确实摆在野外,而非家宴。同一墓室的西壁上还发现了《树下侍女图》屏风,反映的则是女子郊游的场景。

唐朝郊游的吃喝之风,吃出了不少可载入中国饮食史的"游宴",如设宴地点在曲江风景区内的便有上巳节游宴、新进士游宴、关宴等。

古人宴饮场景（陕西西安唐代韦氏家族墓壁画《宴饮图》，局部，陕西历史博物馆藏）

古代的"共享交通工具"

如今，共享交通工具流行，产生了所谓的"共享经济"。其实这并不是什么新模式，古代中国人早就这么玩了，只不过实现方式有所不同罢了。

车、辇、轿、船，乃至驴、马、牛等牲畜，都曾作为"共享交通工具"出现在古人的社会生活中。

南宋都城临安便出现了专供市民阶层租用的"共享车"。

据《马可·波罗游记》载，马可·波罗于13世纪末到达杭州时，便看到"街车"往来驰骋。这种"街车"并非使用者个人所有，而是车行的，"那些喜欢游乐的男女常常雇它代步"。

不同翻译版本对这种车的叫法不同，有的译为"长车"。这是一种长方形的马车，顶上有盖，四周挂有绸幔，能容六人乘坐。

其使用模式与现代共享单车基本一样，一般采取时段制，实行"日租"方式。当时不少人是专门租车去游玩的，因为付的是一天的费用，所以很多人直至晚上才会坐车回家。南宋诗人刘辰翁《永遇乐·璧月初晴》中的"香尘暗陌，华灯明昼，长是懒携手去"，描写的就是这种情况。

用于代步的驴、骡、马、牛，可以看成古代的"单车"。有人专门畜养驴、马这类有运输能力的牲口供公私租借，这在古代很多见，而骑驴、骑马出行就如现在骑单车出行一样正常。这从古人留下的诗文中便可以看出来。

以骑驴诗来说，唐代杜甫写有"骑驴十三载，旅食京华春"，李贺写有"谁似任公子，云中骑碧驴"，等等。宋朝诗人提到骑驴的则更多，陆游一人的"骑驴诗"就有几十首，如《遣兴》："前岁峨冠领石渠，即今山市醉骑驴……"

与车、轿、船相比，古人更早是通过租借牲畜从"共享经济"中赚取钱财的。东汉开国皇帝刘秀读书时便曾与同学凑钱买驴出租。

因为驴比马廉价，古时民间供租用的"共享驴"很多，唐朝民间就有养驴出租现象。《册府元龟》记载，开元二十九年（公元741年），京兆府上奏："两京之间，多有百姓僦驴，俗谓之'驿驴'，往来甚速，有同驿骑。"

与车、轿、船不同，共享畜力很容易弄丢或是弄混，怎么办？古人早就想到了如今共享单车登记注册的办法，对供租用的牲畜实行"簿籍制度"，同时"烙印"。

这一办法率先从驿传马中开始实行，不论是官养马，还是私养马，只要是供租用的，都得注册登记。而在牲畜的身上烙上印记，既可防被盗，还便于找回，就是死了也好辨识，与现代不同公司的共享单车使用不同颜色和标记是一个道理。

古人常见的出行方式：骑马、坐轿（明·仇英绘《南都繁会图》，局部，中国国家博物馆藏）

古代公务用车的标准

现代对于高层领导出差坐高铁还是乘飞机，坐几等座和乘什么舱，都有明确规定。古代同样如此，对公务用交通工具的使用也有具体的规定。

先秦时，公务员出差已有"公车"可用，后来水上运输发达，出差还可坐船，水陆兼行。更普遍的出行方式是骑马，比较快。

因此，历朝的邮驿机构都会备有相当数量的车、马，以供公务员随时使用。

唐朝，每一传驿都要为出差的公务员提供车、马，当然都有相应的标准。据《新唐书·百官志一》记载："凡给马者，一品八匹，二品六匹，三品五匹，四品、五品四匹，六品三匹，七品以下二匹；给传乘者，一品十马，二品九马，三品八马，四品、五品四马，六品、七品二马，八品、九品一马；三品以上敕召者给四马，五品三马，六品以下有差。"

虽然古代的交通工具落后，但在当时规格并不低。如当时的一品大员出行可以使用八匹马，这样的阵势是不是前呼后拥？

清朝对公务员出差所用交通工具规定得更具体，各级官员出差享有不同的待遇。据顺治七年(公元1650年)《内阁招帖》记："一品官、公、侯、伯奉差出京者"，给"马十二匹，水路船二只"；"二品官内院大学士，六部尚书、都察院左右都御史奉差出京者"，给"马十匹，水路船一只"；四品至九品官员来到驿站，给"陆路与车一辆"，"水路加船一只"。

虽然交通工具的使用有明确的标准，但如伙食一样，在实际执行过程中往往超标。接待"老领导"或是皇帝面前的红人、实权派，下级官员难免逢迎媚上。如汉武帝在位时，会稽太守朱买臣某次出差，长安厩吏乘驷马车来迎接他，但朱买臣很廉洁，乘标准的传车走了。据《汉书·宣帝纪》记，汉宣帝曾多次下诏，希望按标准接待，但无法禁止，地方官"或擅兴徭役，饰厨、传，称过使客，越职逾法，以取名誉"。

晋朝的情况比汉朝更糟糕，一度没人遵守规定。

《晋书·虞预传》称："受迎者惟恐船马之不多，见送者惟恨吏卒之常少。穷奢竭费谓之忠义，省烦从简呼为薄俗。"如此铺张浪费，"转相放效，流而不反，虽有常防，莫肯遵修"。

十月

古时候
的医疗与教育

万物收藏也

本月节气

立冬

　　立冬是二十四节气中的第十九个节气，是冬季的首节。

　　此时，地球绕太阳公转轨道至黄经225°，"斗指乾（西北）"，一般在每年的阳历11月7日至8日交节。

　　二十四节气中有四"立"，为立春、立夏、立秋、立冬，以区别季节的转换；一年有四"时"，为春季、夏季、秋季、冬季，以明示时节不同。显然，立冬就是寒冷冬季的开始，进入了秋收冬藏中"藏"的阶段，一说"万物终成"。

　　立冬三候：一候水始冰，二候地始冻，三候雉入大水为蜃。既然进入了冬季，自然界便会有冬天的样子，其表现就是户外出现水结冰、地上冻的现象；秋天可见的野鸡此时节也不见了，古人认为野鸡是潜入水中变成了大蛤。当然，这是不可能的。这与古人对"寒露"的第二候"雀入大水为蛤"的理解相同。

水始冰　地
始凍　雉入大水為
蜃

韓詩外傳冰者窮谷陰氣
所聚不洩則結為伏陰
風俗通氷壯曰凍
鄭康成注大水淮也大蛤曰蜃孔頴達疏
知大水為淮者晉語云雉入於淮為蜃

立冬

《二十四節氣圖》之立冬（清·張若靄繪《墨妙珠林（卯）》，台北故宮博物院藏）

古代的"看病"风俗

今天大家有病都会去医院,俗称"看医生"。在古代情况正好相反,那时没有现代的医院,更没有救护车,医生都是由病人家属请到家里看病的,是"看病人"。

在《红楼梦》中,王太医和张太医便常被贾府的人请去看病。在第五十一回"薛小妹新编怀古诗,胡庸医乱用虎狼药"中,丫鬟晴雯病了,出于回避的考虑,贾宝玉叫人请了一个新大夫,"悄悄的从后门来瞧瞧";不见好后,又差茗烟请来了王太医。

在古代中国,即使普通人生病,也是请医生上门看病的。《红楼梦》第三十九回中,在二门口值班的一个小厮(仆人)想偷懒,便对王熙凤的陪房丫头平儿说:"我妈病了,等着我去请大夫。好姑娘,我讨半日假可使的?"

上门医生是不带药品的,往往在诊断后当场开出药方,由病人家属依方另去药店"抓药"。当然,古人所买的药都是中药,而无今日的西药。

需要说明的是,古代看病虽然没有"全民医保"的说法,但历朝历代都有相应的免费医疗制度或临时性政策。因贫穷看不起病时,或出现瘟疫和传染病时,政府也会提供免费的医疗服务和药品。有的药店也会有自觉的慈善行动。

如在宋朝,不论是南宋还是北宋,朝廷都有医疗"福利制度"。特别是南宋,做得最到位。

据《宋会要》记载,考虑到夏天是传染病流行的季节,南宋第一位皇帝高宗赵构在绍兴十六年(公元1146年)六月二十一日曾亲自指示,要求翰林院派四名医官给都城临安城内外的老百姓免费巡诊、发放药品。

古代医生上门给富家女病人诊断场景（清·孙温绘《红楼梦》之《王大夫诊脉潇湘馆》，局部，旅顺博物馆藏）

古代的"进口特效药"

出现最早且现在仍流行的毒品,当是含罂粟的提取物,即鸦片一类的毒品。但古人没有意识到这是毒品,而视其为"特效药"。

从史料来看,唐高宗李治应该是中国有记载的最早服用这种特效药的病人。

有关李治服食罂粟的判断,源于《旧唐书·拂菻传》记载的"乾封二年,遣使献底也伽"。名叫夏德的德国学者解释说,"底也伽"是一种众草合成之药,是上古及中古时期著名的含有罂粟成分的万能解毒药。

拂菻国也称大秦,是隋唐对东罗马帝国拜占庭的称呼。"底也伽"就是该国进贡给中国皇帝的。《旧唐书》中这十个字被学术界视为中国人服食含罂粟制品的最早文字记载,并被当成鸦片传入中国之始的证据。

拂菻国向大唐进贡"底也伽",应该不是随意之行为。

李治原本是一位很有作为的皇帝,但其龙体欠安,影响了他在中国历史上的地位和作用。在显庆(公元656—661年)以后,李治的健康问题变得日益严重,当时不到30岁的他经常感到头晕目眩,好多本应他亲自处理的国家大事均交由皇后武则天处理。此即《新唐书·则天皇后本纪》中所记载的"高宗自显庆后,多苦风疾,百司奏事,时时令后决之"。

武则天日后当上女皇帝,与李治的"多苦风疾"有直接关系。当然,这是后话。

李治笃信长生之术,曾广征诸方道术之士合炼黄白。孙思邈、叶法善等当时的名医名道,都曾被他召入宫中问药。有一次李治召炼丹道士一百多人进宫,两三年内"化黄金治丹",耗资千万。

联系李治生前求医问药的史实,拂菻国进贡"底也伽"应该是有目的的。

在古罗马帝国时代,医生认为鸦片具有抗毒功效,是治疗慢性头疼、眩晕、耳聋、中风、视力差、嘶哑、咳嗽等疾病的解毒剂，故当时鸦片是"万用解毒药方"的主要配方。含有罂粟成分的"底也伽"，正对李治的病症。

所以，拂菻国进贡"底也伽"，最大可能就是出于治疗李治"风疾"的需要。

古代如何避免"医患纠纷"

现代医患纠纷频发，为什么古代比较少？其实古代也有医患纠纷，但古代医生似乎更重视自我保护。

医患关系是一种特殊的人际关系。相对来说，古代的医患关系比现代简单，但医家都相当重视。

为此，古代医生首先强调医德的重要性，对待患者讲究一个"仁"字。古人认为，"医乃仁术"，"仁术"要求医生重视每一位病人的生命；更进一步说叫"仁者爱人"，这既是古代医生的职业道德所在，也是古代医生对患者应有的态度。

医生的职责是"救死扶伤"，光有职业道德并不能减少医患纠纷，还得有良好的业务素质和过硬的医术。提高医术是减少医患纠纷的最根本措施。古人看病有一个观点，叫"医不三世，不服其药"。此说最早见于《礼记·曲礼》，就是强调临床经验对医生的重要。

但是，即便医术再高明，职业修养再高，也不可能完全杜绝医疗风险，难免出现医患纠纷。为了尽量减少麻烦，古代医生讲究自我保护，在

古代街头小诊所"九世严家大方脉药室"(传宋·张择端绘《清明易简图》，局部，台北故宫博物院藏)

行医时会"挑病人"，拒绝治不好、不好治的患者。先秦时神医扁鹊提出的"六不治"观点，其实就是避免医患纠纷、自我保护的手段。

《史记·扁鹊列传》记载，扁鹊认为"病有六不治"，即六种情况下不接诊："骄恣不论于理，一不治也；轻身重财，二不治也；衣食不能适，三不治也；阴阳并，藏气不定，四不治也；形羸不能服药，五不治也；信巫不信医，六不治也。"

用今天的话来说，即以下六种病人不治：

第一种，病人及其家属傲慢放纵，不讲道理。

第二种，怕花钱的病人，把钱看得比命重，不重视身体健康。

第三种，日常生活不规律的病人，不管冷暖不忌嘴。

第四种，生物钟紊乱的病人，五脏六腑都出现问题。

第五种，身体情况太糟糕的病人，药不能服，刀不能开。

第六种，不相信医生和科学的病人，迷信江湖郎中。

扁鹊认为，只要病人有上述六种情况中的一种，就不建议接诊。在今天看来，"六不治"一说并非全有道理，但在古代还是有针对性的。其中"不治"的第一种情况，针对的就是可能发生的"医闹"，可见古代医生的自我保护意识非常强。

"预后"则是古代医生自我保护的又一手段。所谓"预后"，就是研判患者病情的发展，提前告知可能出现的意外。说白了，就是"打预防针"。这不是推卸责任，而是让病人及其家属有心理准备，可以最大限度地减少不必要的医患纠纷。

这一古代行医行规，直接影响到了现代医疗制度。现代医院通行的下"病危通知书"、签"手术同意书"的做法，就是古代"预后"措施的保留。

古代的"就医难"

在古代，一直有"女病难医"的说法。再进一步说，即"宁治十男子，不治一女人"。

为何女病人不好诊治？并非女性的病症与男性患者有多大的区别，而是在诊疗的操作方面有太多人为设置的麻烦。古代的医生基本上都是男性，而在儒家伦理占主导地位、讲究"男女有别""男女授受不亲"的背景下，女病人尤其看重个人隐私。特别是出身高贵的女病人，男医生尤其"碰不得"。

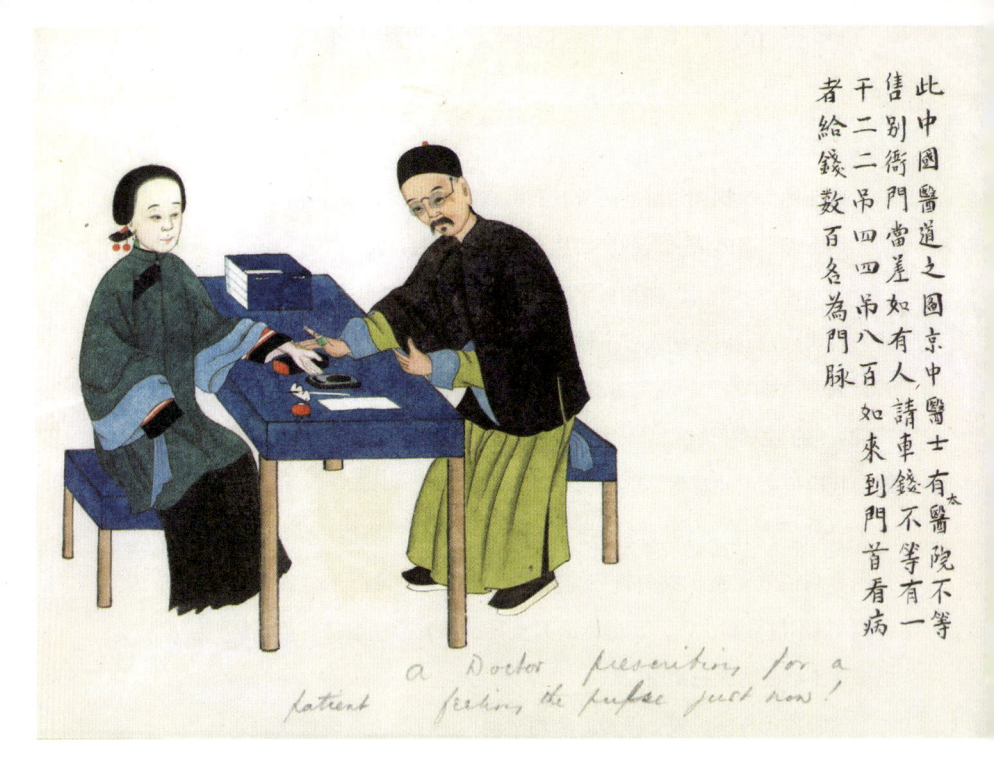

此中國醫道之圖京中醫士有醫院不等售別衙門當差如有人請車錢不等有一干二二吊四四吊八百如來到門首看病者給錢數百各為門脉

a Doctor prescribing for a patient feeling the pulse just now!

清末民间女病人就诊场景，已无太多讲究（19世纪中国外销画《各样人物图册》，大英图书馆藏）

古代医生诊疗有相对固定的程式，即所谓的"四诊"：望诊、闻诊、问诊、切诊。其中每一环节都要求医生与病人互动、交流，有接触。在这种情况下，女病人请男医生治疗，或者说男医生给女病人看病，确实是一个问题。

古代看病，有"走出去"和"请进来"两种就医模式。"走出去"就是去医生家里就诊。女人生病，更多是"请进来"，把医生领到家里看病，以方便医生"望、闻、问、切"。这时候，医生仍不能直接给女病人看病，要用东西隔一下，以遵从"男女授受不亲"的信条。即便可以出来见男医生，女病人也要用纱巾或扇子"蔽面"。

普遍的情况是,家人会在病床前设纱帐,也有在闺房外挂帷的,医生透过纱帐观察女病人的气色、舌象等,完成"望诊"程序。

光"望"当然不行。"四诊"环节中,最重要的是"切诊"。切诊即号脉,又称把脉,需触摸病人的手臂号脉相。而古代女人最忌讳被男人摸手,被陌生人摸了即算"失贞"。司马光的《家范》中记载了这样一例:一妇女带着孩子、背着丈夫的遗体投宿,男店主不准,把她硬拉了出去。这个妇女便认为被污身了,用斧子砍掉了被拉过的手臂。

此行为虽然极端,却说明古代女人的贞洁意识十分强烈。所以,古代男医生给女病人诊疗时,是绝对不会直接触碰女病人的肌肤的。但不接触如何切脉?医生会戴上手套,或是用薄纱罩在女病人的手臂上,然后才出手号脉。

明代名医李梴在《医学入门·习医规格》中总结了一套古代医生行医的行为准则,其中就提到了给女患者看病的注意事项——

> 如诊妇女,须托其至亲,先问证色与舌及所饮食,然后随其所便,或证重而就床隔帐诊之,或证轻而就门隔帷诊之,亦必以薄纱罩手;寡妇室女,愈加敬谨,此非小节。

李梴还特别指出,遇到女病人家庭困难,医生应该自己准备薄纱,即"自袖薄纱"。

小雪

本月节气

> 地寒未甚而雪未大也

小雪是二十四节气中的第二十个节气，是冬季的第二个节气。

此时，地球绕太阳公转轨道至黄经240°，"斗指亥"，一般在每年的阳历11月22日至23日交节。

顾名思义，"小雪"就是开始出现降雪天的节气。《月令七十二候集解》称："小雪，十月中，雨下而为寒气所薄，故凝而为雪。小者，未盛之辞。"

《三礼义宗》中所说"小雪为中者，气序转寒，雨变成雪，故以小雪为中"也是大同小异。《群芳谱》认为："小雪气寒而将雪矣，地寒未甚而雪未大也。"民间的说法更形象："小雪封地，大雪封河。"

小雪节气并不一定有雪，如果有雪则是好兆头，有"小雪雪满天，来年必丰年"的说法。

小雪三候：一候虹藏不见，二候天气上升，地气下降，三候闭塞而成冬。三候说的是小雪节气时的自然气候与环境变化。彩虹是雨后现象，入冬后肯定不见彩虹。至于古人说的地气和天气，其实是阴阳二气，阳升而阴降的气候表现便是冷冽。南方暖风不来，北方寒气站住脚，严冬就出现了。

虹藏不見　四時氣候云藏伏也陰陽
氣交而成虹此時陰陽極
乎辯故虹伏虹非有質而
曰藏者言其氣之下伏爾
地氣下降　天氣上升
孔穎達疏天體在上陽歸
於虛無故云上升地體在
下陰氣下連於
地故云下降
閉塞而成冬
鄭康
成注
門戶可閉閉之
窓牖可塞塞之

小雪

《二十四节气图》之小雪（清·张若霭绘《墨妙珠林（卯）》，台北故宫博物院藏）

古代小学一般何时开学

古代的入学时间与学期的长短，各个朝代并不一样，也与现代统一的"秋季入学"有较大差别。

中国古代是传统的农业社会，一切围绕农事展开，小学教育亦然。至于入学时间，除"秋季入学"外，还有"春季入学"和"冬季入学"。

在西汉，这三个入学时间都曾出现过。据汉代崔寔的《四民月令》记载，具体入学时间是这样安排的：正月农事未起、八月暑退、十一月砚冰冻时。从中可以看出，汉朝的小学教育主要是利用农闲时间进行的。这也是中国古代教学的一大特点。

三种开学时间，以"八月暑退"与现代开学时间最接近。如果是春季开学，一般在"正月望后"，即正月十五之后。

到了南北朝，开学时间相对统一，"冬季入学"成为主流。《北齐书·李铉传》中便有"春夏务农，冬入学"的说法，一名叫李铉的神童，当年便是冬天上学的。

后来，冬季入学成为古代乡村小学较为普遍的选择，但具体时间与汉朝有所不同，农历十月份开学。陆游《冬日郊居》一诗中云："儿童冬学闹比邻，据案愚儒却自珍。"自注即称，"农家十月，乃遣子弟入学，谓之冬学"。

开学日期的选择，与学期的长短相关。古代的学期与现代完全不一样，短者三个月，长者一年。

冬学多为"三月制"，相对较短。以明朝为例，一般从每年的腊月到次年三月。如果是"八月制"和"十二月制"，一般都是春季入学。八月制一般"上元入学"，"八月终解馆"；十二月制一般"正月望后启学"，"岁暮罢馆"。

古代学堂(私塾)上课场景(清·佚名绘《苏州市景商业图册》,局部,法国国家图书馆藏)

古代的快慢班

　　古代没有"中学"这一级学校。小学一般是"七年制"或"八年制",长的为"十年制",最短的也要三年。如此长的年限,实际是把现代的中学与小学合并在一起了。

　　所以,古代不是"小升初",而是"小升大",即小学读完可以直接进入太学、国子监一类的高等学府深造。所以,"13岁上大学"这样的现代新闻,在古代一点儿也不稀奇。

　　现代学校常设"快慢班",古代不少时候也存在这种情况。

　　如宋徽宗政和四年(公元1114年)十二月颁小学条制,立三舍法,在官办的国子监小学实行"三舍升补法",班级分"外舍""内舍""上舍"三种。新生入学后皆分在外舍，考试成绩好的升入内舍；内舍生考得好的，升入上舍。实际上，这种"快慢班"有点儿一、二、三年级的味道，升不了的便是"留级"。

"三舍法"原本是针对大学生的，后在小学行之有效，便被推广到地方，一度成为当时全国小学教学管理模式。设"快慢班"，对小学生进行分等，有很多不合理的地方。所以"三舍法"遭到反对，并没有存在多久。

虽然说可以"小升大"，但并非每个小学生都能上大学。对于乡村小学生来说，更是不可能。即便是可以直升的皇家小学、贵族小学学生，也有名额限制。如宋朝，便控制"升学率"。《宋史·选举志三》记载，熙宁十年（公元1077年）曾推出面向宗室学生的"宗子试法"，规定"十取其五"，即升学率为50%。

需要注意的是，古代"教育不公"现象严重。宋朝以后，教育不公问题受到重视。元明清时期，小学教育走向兴盛。特别是元代，大力推广乡村小学，要求"遍立学校"，五十家为一社，"每社立学校一"，农村孩子受教育机会大增。

明清时期，由地方官府或慈善人士开办的义学（义塾）得到进一步发展。义学是免费的，面向"上学难"的穷苦人家孩子，可视为古代的"希望小学"。

古代学校也有"学规"

书院是宋朝以后学子们获取知识的一种途径。书院有很多学规，比现代要求还严，这里以清朝的书院为例来说说古代书院的学规。

古代学堂，学童在老师休息时调皮取乐（明·仇英绘《临宋人画册》之《村童闹学》，上海博物馆藏）

学生在书院不认真学习，不约束言行，都会受到严厉的惩处。清朝湖北归州丹阳书院规定："学长稽查在院肄业生童，有不勤学励行者，正言规劝；如其不从，禀明山长，加以惩罚。"

清朝蕲州书院的学规则是：如果在山长课期生员超等旷课一次，扣钱六百文；特等旷课一次，扣钱四百文；文童上卷旷课一次，扣钱四百文；中卷旷课一次扣钱三百文，再旷遂加录成文或雷同全数扣除。

学生在书院学习时的学业等级是动态的，实行"积分制"，有"升降级"。即使录取时是优秀学生，即所谓"正课生"，如果旷课，或者平时考试成绩不能保持在前列，也有可能被降为"附课生"。

清朝均州南阳书院以缺考的次数和考试成绩的等级来确定升降：正课生如有一次不应课，停止发放一月膏火；两次不应课，降作附课生。正课生一连三次不考，超特等者降作附课以内；附课生连考三次超等者，可以升补为正课生。降级的同时，其膏火钱也会降低标准发放，甚至不发。

书院考试纪律很严格，试卷凭"浮票"领取，并设编号。学生考试时如有作弊、抄袭等不诚信行为，也会受到惩罚。清朝湖北归州丹阳书院规定，"抄写雷同及不在院作文，并次日交卷者不列榜，初次不列榜，罚停膏火一月；再次不列榜，降作附课；冒名顶替者逐出住院"。

最后需要指出的是，古代书院教育"德育"先于"智育"，要求学生"忠孝廉节"。如果"缺德"，后果很严重，轻者重罚，重者开除。

古代学子为什么喜欢上职校

现代职业学校正在普及，但不少学子并不愿意上职校。在古代可不一样，职校十分受欢迎，因为从职校毕业就有了"饭碗"。

古代的学校教学以儒学教育为主，培养的是治国经世之才，学成后都是做官的，所以要求很严，科举考试竞争残酷。职校与之相比，社会评价和地位有不少差异。但古代一般人想上职校也并不容易，没有点儿背景和身份就别想上。尤其在南北朝早期职教起步阶段，民间子弟想接受正规的职业教育几乎不可能，因为并不面向社会招生。

直到唐朝，平民子弟才有机会上职校。

据《唐六典·太常寺》记载，唐朝在药部设药园师专业，"药园师以时种莳，收采诸药"。当时京师所设的医药职业学校，首先面向社会招生："置药园一所，择良田三顷，取庶人十六已上、二十已下充药园生，业成，补药园师。"

宋朝的职业教育比唐朝有更大的进步。以医药专业职业学校来说，已细分到小儿科、产科。据《宋史·职官志四》记，宋朝医药职教分为九科，分别是大方脉、风科、小方脉、眼科、疮肿兼折疡、产科、口齿兼咽喉科、针灸科、金镞兼书禁科。

分科多了，招生条件也多了。在宋朝，欲上专科职校必须参加考试。成绩首先得过硬，不像现在读职校，对分数要求不高。

宋朝职校招生时，有一套严格的录取程序，有专门的考试，名额也有限定。《宋史·职官志四》称："学生常以春试，取合格者三百人为额。"

每次考试指标，全国仅有三百人。可以想见，在宋朝上职校，竞争有多么激烈。

没有规矩不成方圆

十一月

古时候的司法例律

大雪

至此而雪盛矣

本月节气

　　大雪是二十四节气中的第二十一个节气，是冬季的第三个节气。

　　此时，地球绕太阳公转轨道至黄经255°，"斗指壬"，一般在每年的阳历12月6日至8日交节。

　　"大雪"与"小雪"名称的由来都很好理解，就是到这个时节会下雪。所以《月令七十二候集解》称："大雪，十一月节。大者，盛也。至此而雪盛矣。"

　　大寒时节，天已非常寒冷了。如果不冷，反而不是好事。农谚说，"大雪不冻倒春寒，大雪不寒明年旱""大雪不冻，惊蛰不开"。如果天气寒冷，或者下大雪，则是佳兆，有"瑞雪兆丰年"的说法。

　　大雪三候：一候鹖鴠不鸣，二候虎始交，三候荔挺出。意思是，因为天气太冷，寒号鸟都不叫了——寒号鸟其实不是鸟，是一种小动物，一到寒冬便会躲起来；老虎反而活跃了，开始叫春，进入发情期，并没有因为天寒地冻而中止繁衍生育的行为；虽然大雪封山，但人们惊喜地发现，在厚厚的积雪下，荔草（马兰花、马蔺草）却发芽了，早早带来了春的信息。

大雪

鹖鴠不鸣 吕氏春秋注鹖鴠山鸟阳
物也是月阴盛故不鸣也
虎始交 吕氏春秋注虎乃阳中之
兽也阴气盛以类发也
荔挺出 郑康成注荔挺马䪆也孔颖达疏
以其具香草故应阳气而出也

《二十四节气图》之大雪（清·张若霭绘《墨妙珠林（卯）》，台北故宫博物院藏）

古代考场作弊的后果

考场作弊古今不绝。那么，发现作弊，古代怎么处理？

以明清为例，明清时期科举考场一般设在贡院内，每位考生一个小间，称为"号舍"。

号舍并没有门，号舍与号舍之间有砖墙相隔。没有门，是不是考生之间互相作弊更方便了？非也。每名考生都由一名"号军"监考，如考生有离开座位、串换答卷、私递纸条、出声通气等涉嫌作弊的行为，一经发现，号军可立即将其扣考，严重者可立即抓起来，戴上刑具木枷示众。

考试期间，整个考场顿成禁区。

以江南贡院来说，考场四周设有高高的围墙，墙头上布满带刺的荆棘。贡院又被称为"棘闱"，即因此而来。围墙四角还建有四座两丈多高的岗楼，并会调来士兵看守考场。考试期间，考场内外都会布满兵丁，戒备森严。加上另有考官巡察，考生作弊并不容易。

考生作弊不只会被取消再考资格，而且可能面临牢狱之灾。有的作弊者甚至会被处死。如清顺治十四年（公元1657年）发生的丁酉顺天乡试舞弊案，就有多名涉案者被处死，不只受贿考官被诛，获益考生也被砍了头。

虽然管理很严，但古代考场上的作弊现象并未减少，作弊手段多样。据《明史·选举志二》记载，明朝科举时，"贿买钻营，怀挟倩代，割卷传递，顶名冒籍，弊端百出，不可穷究，而关节为甚"。

"枪替"是最常见的作弊手法之一。

所谓枪替，就是找人代考，代考者便是"枪手"。古代有名的"枪手"很多，晚唐诗人温庭筠、北宋文学家欧阳修都曾当过"枪手"。温庭筠才思敏捷，有"温八叉""温八吟"等美誉，意思是两手叉八下，八韵诗赋就吟出来了。温庭筠平生虽然未曾中举，但乐当"枪手"，帮不少考生圆了梦想。

据《唐才子传·温庭筠传》所记，温庭筠曾在一场考试中给八名考生当"枪手"，堪称"最牛枪手"。结果，事发后温庭筠被贬，考官也跟着倒了霉。

古代在街上乱倒垃圾的后果

乱倒、乱扔垃圾是古今都有的现象，那么古代是怎么治理这种行为的？

据《韩非子·内储说上》记载，商朝有这么一条规定："刑弃灰于道者。"意思是，把灰倒在街道上，要负刑事责任。

为什么处罚这么严重？因为灰是柴草燃烧后的生活垃圾，倒在路上，表面上是影响环境卫生，实际危害则很多，如被雨水冲刷进下水道后极容易堵塞下水道。所以，商朝对这种行为处罚得很重。

具体重到什么程度呢？"弃灰于公道者断其手"，即如果把灰倒在街道上，要将其手剁掉。

剁手酷刑，古代常用于偷盗行为。乱倒垃圾与之同罪，在今人看来太可怕了，也太重了。其实，古人也觉得这样做有点儿过了。孔子的弟子子贡便曾就此发问，孔子的回答有两个版本，其中之一是："知治之道也，弃灰于街必掩人，掩人，人必怒，怒则斗，斗必三族相残也，此残三族之道也，虽刑之可也。"

孔子所言大意是，这说明商朝人懂得城市治理的道理，将垃圾倒在街上会引起行人不满，引发群体相残事件，影响社会稳定，所以对之予以严惩是可以的。

北宋京城东京街头,街两边商家在门外出摊(宋·张择端绘《清明上河图》,局部,北京故宫博物院藏)

严惩乱扔垃圾者,体现了古人"治则刑重,乱则刑轻"的思想,为后来的秦国所效仿。

公元前359年,秦孝公任用商鞅变法时,所制定的《秦律》中有这样的规定:"弃灰于道者被刑。"

明清对小偷的可怕惩处手段

小偷虽然不是江洋大盗,却十分可恶。所以,历朝历代都不会放过小偷。北宋的开封、南宋的临安,街头均设有"巡检",负责社会治安,惩治小偷。

明清时期，小偷最多的地方自然是京城北京。晚清时，北京的小偷俗称"小绺"，黑话叫"老荣"。他们拉帮结派，内部分工比过去更细，有黑白潜、轮子潜之分。黑潜夜偷，白潜日偷，轮子潜专门在火车上偷。时人逛街时稍不留神，钱包就可能被"顺"走。

明清惩罚小偷的严厉程度，似乎超过唐宋。如在明朝，小偷被逮到一般要遭"墨刑"，即刺字，犯什么罪刺什么字。抢夺他人财物的，在右小臂上刺"抢夺"二字。盗窃的，在右小臂上刺"窃盗"二字，再犯则刺在左小臂上；第三次盗窃被抓到，那就没命了，"三犯者绞"。

最让小偷害怕的，应该不是死刑，而是肉体摧残。明朝对"杂犯"的惩处有挑筋去指、挑筋去膝盖、剁指、断手、刖足等多种残忍手段，这对窃贼来说比死还可怕。至于"枷项游历"，对小偷来说则不算一回事儿。

需要说明的是，明朝严惩偷窃的手段并不是开国皇帝朱元璋的发明。小偷俗称"三只手"，中国最早处罚盗窃者的办法就是让其手残废。西晋著名法官刘颂说得很干脆，"盗者截手"。

在先秦时，还流行"剁脚"。1975年12月出土的《睡虎地秦墓竹简·法律答问》中多次提到了秦国对盗窃行为的处罚，其中一条是"五人盗，臧□钱以上，斩左止，又黥以为城旦"。意思是，五人一起盗窃，赃物价值×钱以上，斩去窃贼左脚，同时在脸上刺字，罚修筑四年城墙。

当然，古代官府抓到窃贼后也喜欢"罚款"。这也是法律条文所允许的，称为"纳铜"，目的是"赎罪"。"花钱就能捞出来"，这或许也是古代小偷常抓难绝的原因之一。

古代卖"注水肉"被抓到怎么办

在汉朝,出售有毒类问题食品并不是死罪。到了唐朝,情况便完全不一样了,惩罚力度加大。

《唐律疏议·盗贼》中有关毒物的法律条文,特别提到了对卖"毒肉"的惩罚:"脯肉有毒,曾经病人,有余者速焚之,违者杖九十;若故与人食并出卖,令人病者,徒一年,以故致死者绞;即人自食致死者,从过失杀人法。盗而食者,不坐。"

宋朝有关食品安全方面的法规,与唐朝大同小异。出售有毒食品造成严重后果的,也要判处死刑。《宋刑统·贼盗律》也特别提及了对出售"毒肉"的处罚:"脯肉有毒,曾经病人,有余者速焚之,违者杖九十。若故与人食,并出卖令人病者,徒一年;以故致死者,绞;即人自食致死者,从过失杀人法(盗而食者不坐)。"

那么,卖现代常见的"注水肉",该当何罪?

或许有读者会说,古代没有"注水肉"。错,当今不法商贩常干的事,古代也存在。宋朝家训格集《袁氏世范·处己》中"小人不必责以忠信"条便称:"小人以物市于人,敝恶之物,饰为新奇;假伪之物,饰为真实。如绢帛之用胶糊,米麦之增湿润,肉食之灌以水,药材之易以他物。"

这里面透露的便是宋朝不同行业商贩造假的手段。所谓"肉食之灌以水",就是今天常见的制造"注水肉"行为。

"注水肉"与短斤少两一样,是古代市场的"顽疾"。到了明朝,这种情况似乎更普遍了。明人田汝成在《西湖游览志余》中记述了其在当时的杭州街头看到的一幕:"酒掺灰,鸡塞沙,鹅羊吹气,鱼肉贯水,织作刷油粉……"

为了增加斤重,不法商贩使尽了手段,害人不浅。

古代街市,可见粮店、猪肉铺,乞丐跪地行乞(清·佚名绘《苏州市景商业图册》,局部,法国国家图书馆藏)

  对此奸诈行为,以严刑重罚著称的明朝不会放过,有相应的惩治措施。《大明律·刑律·杂犯》(卷二十六)中有一条通用条款"不应为",规定:"凡不应得为而为之者,笞四十;谓律令无条,理不可为者。事理重者,杖八十。"

  出售昧良心的问题食品,自然属于"不应为",是要被笞打的。当然,如果所售有毒食品弄出了人命,那便不是挨板子可以了结的,应该会掉脑袋。

终藏之气
至此而极也

冬至

本月节气

冬至是二十四节气中的第二十二个节气，是冬季的第四个节气。

此时，地球绕太阳公转轨道至黄经270°，"斗指子"，一般在每年的阳历12月21日至23日交节。

《月令七十二候集解》称："冬至，十一月中。终藏之气至此而极也。"冬至这天，正午太阳位置最靠南，阳光几乎直射南回归线，地球北半球的白昼最短，黑夜最长，到了极限值，与夏至刚好相反。老话说，"吃了冬至面，一天长一线"。

冬至是古代中国人最早测出的节气，西周时由周公测定。冬至与夏至一样，为"八节"之一，古人非常在意，称之为"冬节""长至节"。在早期，冬至一度被作为岁首，是新年的开始。也就是说，冬至曾是二十四节气中的首节，如现在的"立春"一样。时人如春节一样过"大冬"，后来的"冬至大如年"一说就是这么来的。

冬至三候：一候蚯蚓结，二候麋角解，三候水泉动。大意是，此时阳气虽有所增长，但阴气仍然十分强盛，土中的蚯蚓仍然蜷缩着身体，麋感阴气渐退而解角，山泉水因阳气上升开始流动。

《二十四节气图》之冬至（清·张若霭绘《墨妙珠林（卯）》，台北故宫博物院藏）

古代也有水源保护法

和如今一样,古代也重视水源保护,还出台了相应的规章制度,以严惩不文明、不道德的行为,也就是今天所说的"立法保护"。

在赵慎(宋孝宗)当皇帝的乾道年间,南宋都城临安最大的供水源西湖受到人为污染,市民有向湖内倾倒粪便、垃圾的不良习惯。安抚周淙奏禀宋孝宗降旨,禁止官民抛弃粪土,栽植荷菱等物于湖内,违者严惩。内臣陈敏贤、刘公正霸占湖面,灌污洗马,污染湖水,遭举报、弹劾,被免职。朝廷罢其官的最重要理由之一是,其"以一城黎元之生,俱饮污腻浊水而起疾病之大灾"。

元朝的皇家饮用水都是通过金水河进入皇宫的,尽管属皇家特供水道,但水体当时也受到了人为污染的威胁,夏天竟然有人跳到河里洗澡、洗马。

至治二年(公元1322年)五月,元英宗曾针对金水河污染问题做出专门批示(敕)。据《元史·河渠志》(卷六十四)记载,当时元英宗是这样说的:"昔在世祖时,金水河濯手有禁,今则洗马者有之。比至秋疏涤,禁诸人毋得污秽。"《都水监纪事》中说得更明白:"金水入大内,敢有浴者、浣衣者,弃土石瓴甋其中、驱马牛往饮者,皆执而笞之。"

元朝此规定便可以看作古代保护饮用水源的立法行为。在金水河内,不要说洗澡,连洗手这类小事都严格禁止。如果发现犯者,会统统抓起来处以笞刑,也就是用竹、木板等拷打犯人臀部、背部或腿部的轻刑。

除了朝廷禁令,古代也出现了地方性保护水源立法。清朝时,江南水乡苏州便有这样的规定。

乾隆年间,苏州虎丘附近遍布染坊,工业废水直接排入河中,导致"满河青红黑紫",河水根本无法饮用,引起民愤。

乾隆二年(公元1737年),当地颁布禁令,并刻石立于河道旁边。这便是《奉宪勒石永禁虎丘开设染坊碑记》的来历。此碑明文规定,"染作器物,迁移他处开张""如敢故违,定行提究"。

古代对偷税漏税怎么罚

古代如何查偷漏税行为?犯者该当何罪?

古人将偷漏税称为"匿税"。在古代,商税一般由纳税人主动自行申报,如不报或漏报、少报,一经查出麻烦就大了。市场经济发达的宋朝,一旦发现偷漏税行为,情节轻的将被重打屁股(也可打脊背)四十大板。此即《宋刑统》所谓"诸匿税者,笞四十;税钱满十贯,杖八十"。元朝加重,"犯者笞五十"。

被打后还得加倍补缴税金,甚至没收全部涉事财物、家产。《大清律例·户律·课程》规定,"管收税课钱粮,倘有隐匿,加倍著追""所欠新课带征等项,著落引窝家产变抵"。

情节严重的要坐牢,或罚去边疆服役。

如果管辖范围内发生匿税现象,责任税官也要跟着倒霉。如知情不查,罪更重!

值得注意的是,古代朝廷积极鼓励举报匿税者,若经查属实,举报者最高可得相当于偷税额一半的奖励。

到元朝,朝廷明文规定收到婚嫁彩礼须按例交税,违者同样会受罚。元世祖忽必烈在位的至元八年(公元1271年),有人家收到婚嫁彩礼未上税,便被当作偷漏税对象拘了起来。

清朝官府控制对外贸易、防止走私漏税的场景(清广州画坊绘《茶叶贸易图册》,法国国家图书馆藏)

古代的"免死牌"
真能免死吗

中国古代的刑律一直强调"慎杀",被判死罪后仍有机会免死,改服替代刑。

在所有方式中,"铁券免死"是等级最高、效力最大的免死方式。铁券就是俗称的"免死牌",一般由皇帝赐颁给功臣。

因钱镠平定叛乱有功，唐昭宗曾于乾宁四年（公元897年）赐给钱镠金书铁券，上书"卿恕九死，子孙三死"。意思是，钱镠本人犯死罪可以免死九次，其子孙可免死三次。

金书铁券又被称为"丹书铁券"。明太祖朱元璋也曾赐给功臣免死铁券。持铁券者，本人犯法可免死两次，子孙可免死一次。

但是，"免死牌"并不是什么死罪都可免的。

据明代沈德符的《万历野获编》所记，"除谋反大逆，一切死刑皆免"。也就是说，如果犯的是篡权谋逆之罪，就是有免死铁券也没有用，必死无疑。

现代判死刑后并不立即执行，叫"死缓"，一般死不了。这也是"慎杀"的表现。

古代的死缓叫"留养承祀"，犯人可以申请"留养承祀"，暂缓执行死刑。其前提是家中老人无人奉养，这样才可申请留下赡养老人，到老人去世后再受刑。

古代送"快递"有什么规定

现代电子商务发展起来后，快递、物流业大兴。但别以为快递是现代才有的，自古有之。

古代对快递的日行里程和速度都有具体的规定，叫作"程限"。

秦汉时步递一般都是短途，平均每个时辰要走十里。这是对普通邮件的要求，并且得当天送完。如果用传车，一般每天要行七十里，最多每天可行二三百里。骑马的话，对速度的要求就高多了，一般要求"日行四百

古代送快递的小哥（元·朱玉绘《太平风会图》，美国芝加哥艺术博物馆藏）

里"。这是当时的速度极限，即古人所称的"至速"。

隋唐时，对陆路的驿速则有这样的程限：乘传车日走四驿，乘驿马日走六驿。按每三十里一驿算，须日走一百二十里至一百八十里。如果是急件，则要求日驰十驿，相当于跑三百里。更急的，如送赦书，则要求日行五百里，约十六驿。

宋朝的"急脚递"是在步递和马递基础上创立的，最早的记载出现于宋真宗景德二年（公元1005年）。急脚递并非依靠人力的步递，也是一种马递，要求日行四百里。元朝的急递铺更接近于今天的快递公司。

历朝对快递从业者都有制度要求和法律规定。

南宋《行书律》称："行命书及书署急者，辄行之；不急者，日毕，勿敢留，留者以律论之。"意思是，写有"急"字的邮件（文书）要立即传递，不能有片刻耽误；普通邮件当天送出即可，不能积压，不及时投递要依法惩罚。

至于把快件弄丢的，惩罚就更严重了。

古代公务员的考勤纪律

在古代，公务员上班的考勤纪律比现代的要求严。比如，京官如果不能上朝，需要说明情况和理由，并且在"花名册"上注明，称为"注门籍"。如身体不好，便要在名字下写上"病"字。

正常情况下，官员是不能不上班的，特别是在京高级官员。不参加例行朝会属于犯严重错误，用现代话来说，这叫"违纪"。平常只有出现雨雪等极端天气，或是皇帝主动取消朝会时，早上才可以不上朝，即所谓"放朝"。放朝只是取消皇帝主持的早班会，并不是不用上班，官员仍要到衙署坐堂，处理"署事"。

相对京官朝参来说，因为天高皇帝远，地方公务员的考勤并不十分严格，但同样有一套成熟的制度。地方公务员每天都要点名或签到。因为点名时间设在卯时，故称"点卯"；如果不点名，就要签到，时间也设在卯时，故又叫"画卯"。

后来有了比较规范、认真的考勤方式，不再简单地画卯，而是和注门籍一样，在"签到簿"上签到。即使因公出差，也要先在签到簿上注明不能到岗的原因，方便检查。

元朝就是如此。《元典章・吏部七・公规一》中有这样的考勤规定："京府州县官每日早聚圆坐，参议词讼，理会公事，除合给假日外，毋得废务。仍每日一次署押公座文簿，若有公出者，于上标附。"

虽然有严格的考勤制度，但并不能完全杜绝迟到、早退、旷工现象，于是各朝都出台了相应的惩罚制度。

唐朝的惩罚制度如下：

诸在官应直不直，应宿不宿，各笞二十，通昼夜者，笞三十……诸官人无故不上（班）及当番不到，若因暇而违者，一日笞二十，三日

此中國枷号人之圖其犯因犯法律罪枷号者枷号衔市示衆有一個月者二三個月不等枷滿拔罪罰落

古代脖颈上戴刑具"枷锁"的犯人（19世纪中国外销画《各样人物图册》，大英图书馆藏）

加一等；过杖一百，十日加一等，罪止徒一年半，边要之官，加一等。

——《唐律疏议·职制》

宋朝的考勤制度和唐朝相同。需要注意的是，在唐宋两代，即便是没有品级的公务员，违反考勤制度也一样要受罚。明清两代则相对宽松，惩罚强度有所减轻，但也比现代严厉。

《大明律·吏律·职制》规定："凡大小官员，无故在内不朝参，在外不公座署事，及官吏给假限满，无故不还职役者，一日笞一十，每三日加一等，各罪止杖八十，并附过还职。"

古代办错案"同职公坐"

司法问责制度根本上是为了减少和杜绝冤假错案的发生。那么,在古代,万一判错了案子,怎么办?各朝在这方面都有详细的规定,主要有同职公坐、援法断罪、违法宣判、出入人罪、淹禁不决等五种情况,分别论罪。

其中,最突出的是"同职公坐"责任。

所谓"同职公坐",是指所有参与办案的人员均要在判决书上签字,如果将案件判错了,均负有连带责任(连坐)。《唐律疏议·名例》"同职犯公坐"条称:"诸同职犯公坐者,长官为一等,通判官为一等,判官为一等,主典为一等,各以所由为首。"可见,即便无私心、无腐败,仅仅是工作失误,从上到下四级责任人,都要接受相应的处罚。

如果非工作失误,采取虚构事实、增减案情的办法将案子错判,有罪者判无罪,无罪者判有罪,或者重罪轻判、轻罪重判,即所谓"出入人罪",惩罚更重,法官要遭"反坐"——判处和犯人相同的罪行,即误判犯人死刑的,出事法官也犯死罪,且"死罪不减"。

"反坐制度"继承了先秦判罚不公"其罪惟均"的刑法思想,此制度在汉朝即实行。汉顺帝建康元年(公元144年),零陵太守刘康因为"坐杀无辜,下狱死"。

此外,法官应依法审案,"援法断罪",否则问题也严重。

据《商君书·赏刑》,先秦时如果法官不执行君主法令,将被判处死刑,而且父母、兄弟、老婆都跟着倒霉。这一点进入封建时代后有所减轻,但违法者也要领"笞刑"。唐、宋、明、清法律中都规定,"违者笞三十"。

十二月

歌台暖响

古代人
的职场游戏

月初寒尚小

DAILY LIFE
IN ANCIENT CHINA

小寒

本月节气

　　小寒是二十四节气中的第二十三个节气，是冬季的第五个节气。

　　此时，地球绕太阳公转轨道至黄经285°，"斗指癸"，一般在每年的阳历1月5日至7日交节。

　　二十四节气中，以大小入名的节气共有四个，即小暑、大暑、小寒、大寒，其名都是对气温冷暖变化的表述。小寒和大寒是一年最寒冷的两个节气，所以民谚称"小寒大寒，冻作一团""小寒时处二三九，天寒地冻冷到抖"。

　　但从概念上说，小寒还不是最寒冷的时候，所以《月令七十二候集解》称："小寒，十二月节。月初寒尚小，故云。月半则大矣。"这里的"月半则大矣"，是指半个月后的大寒。而现代气象资料显示，实际上小寒才是一年中最寒冷的时候，平均气温低于大寒。老话说的"热在三伏，冷在四九"，实应是"热在三伏，冷在三九"。

　　小寒三候：一候雁北乡，二候鹊始巢，三候雉始雊。这三候说的都是禽鸟的表现：白露时节开始往南飞的大雁，此时开始北归了；百姓最喜欢的喜鹊开始筑巢了，为孵养后代做准备；之前消失的野鸡，不论公母，都开始叫唤了。

小寒

雁北鄉 鵲始巢 雉雛

孔穎達疏雁北鄉有早有晚早者則此月北鄉晚者二月乃北鄉集說雁北鄉則順陽而復也

孔穎達疏此據晚者若早者十一月已巢

集說雉火畜也感於陽而後有聲

《二十四节气图》之小寒（清·张若霭绘《墨妙珠林（卯）》，台北故宫博物院藏）

古代进重要场所也要进行"安检"

现代办公场所一般都设有门禁，出入重要场所要进行安检。古代的手段比较原始，但要想进入重要部门也得过"安检"。

早期级别较高的官员进宫上朝得有门籍。何谓门籍？据晋人崔豹的《古今注·问答释义》记载："籍者，尺二竹牒，记人之年、名字、物色，县（悬）之宫门，案省相应，乃得入也。"

看来门籍就是个人信息牌。将名字、面部特征等记录其上，悬挂于宫门处，值班门卫对照检查，信息一致才可放行。

唐宋时，门籍被官员随身携带的鱼符、虎符所取代，明清时又被牙牌、腰牌取代，这类东西既是身份证，又是通行证。

现代考古中已出土不少这类实物。如2008年，人们在洛阳洛南新区发现一座唐墓，墓中随葬品被盗一空，仅出土了一件青铜鱼符，阴刻"司驭少卿崔万石"。

古代皇宫门卫只认符牌不认人，没符牌就是皇帝的红人都休想进出。

1991年，人们在北京海淀区发现一座太监墓，从中出土了一件银腰牌，通体鎏金，正面有"御马监太监"字样，背面有编号"忠字叁拾捌号"。这就是太监进出宫廷的证件，安检时必须出示。

明宫宦官个个身挂腰袋，内装身份铭牌（见右上角），相当于唐朝的鱼符
（明·佚名绘《宪宗元宵行乐图》，局部，中国国家博物馆藏）

古代谁规定60岁退休的

在古代,人们管退休叫"致仕",另有"致事""致政""休致"等多种叫法,意思都是把手中的权力交还,退休回家;还有管退休叫"悬车"的,也是年老不再任用的意思。

中国是规定退休年龄较早的国家。《礼记·曲礼(上)》中有"大夫七十而致事"的记载,说明早在周代朝廷便规定了退休年龄。

70岁退休,其实是约定成俗。到南北朝时期的南齐武帝永明七年(公元489年),这一人事制度才有了法律效力。时御史中丞沈渊表奏:"百官年老七十者,皆令致仕。"

在古代中国,退休年龄发生变化出现于明朝。朱元璋(明太祖)当了皇帝后,对旧的人事制度做了较大调整,其中便规定了新的退休年龄。洪武十三年(公元1380年)二月,朱元璋"命文武官员六十以上者,皆听致仕"。这是中国历史上首次将退休年龄提前至60岁。

五年后,即洪武十八年(公元1385年)八月,朱元璋又出人事新政,将相当于今部队、警察系统的中下级官员退休年龄提前至50岁。此即《明太祖实录》(卷一百七十四)中所记"命内外指挥、千、百户、镇抚,凡年五十以上者许以子孙代职"。

但是,朱元璋规定的退休年龄在明朝二百多年间并没有一直贯彻下去,朱棣(明成祖)篡位后即恢复"70岁退休"的古制。此后不断反复,但明朝官员的退休年龄基本在60岁以上,与现代接近。

明孝宗朱祐樘当皇帝时,还出现了类似今天"内退"的提前退休规定,凡主动提出退休的官员,退休年龄不受限制。这也就是说,即使40岁提出退休,也会被批准。

北宋最年长退休高官司农卿毕世长画像（宋·佚名绘《睢阳五老图》，美国纽约大都会艺术博物馆藏）

古代的"延迟退休"

在古代中国,提前退休与推迟退休,很多时候都是根据政务需要和具体人、具体岗位来决定的,并没有现代的养老金不足的因素。有的时候,朝廷甚至不允许官员退休,让他们延迟退休。

特别是高级官员,很多都是死在任内的。有的即便到时间退休了,也会被"返聘",或改当"顾问"。

西晋有位名叫刘寔的大臣,历任司空、太保、太傅等要职,在司马衷(晋惠帝)当皇帝时"以老病逊位",退休回家。但晋怀帝司马炽当皇帝后,他被重新启用,被授予相当于军委主席的"太尉"一职。当时刘寔已87岁,坚决请辞,但皇帝坚持,刘寔只得出山。

南北朝时期,拓跋焘(北魏太武帝)当皇帝后,委任要臣罗结为"侍中、外都大官,总三十六曹事"。当时罗结已107岁,一直干到110岁才退休。罗结退休后也未能闲着,负责"监典后宫",活到了120岁。

罗结大概是古代中国当官最久的人,也是最年老的退休人员。

古代中国官员延迟退休,有时候则是由腐败引起的。

如在唐朝,中期以后,由于宦官专权,政坛腐败,贪恋禄位的情况十分严重,退休年龄成了橡皮筋,可大可小。只要官场有人就能推迟退休,"老人政治"愈发严重。"诗魔"白居易对此十分愤慨,在其系列长诗《秦中吟》之《不致仕》中写道:"七十而致仕,礼法有明文。何乃贪荣者,斯言如不闻?可怜八九十,齿坠双眸昏……"

在宋朝,不少人隐瞒实际年龄,即所谓"官龄",避开年龄杠子,以推迟退休。

至于提前退休,其在古代非正常退休中所占比例便很小了,一般不是身体原因,就是因为犯错误而被勒令致仕。

古人的退休待遇如何

人总有老的时候,退休是一种福利,为何人们很多时候反而希望推迟退休?这主要是因为退休背后的权力与待遇问题。

在古代中国,也是这么一回事儿。在古代,包括低级官员在内的普通公务员退休后,是没有工资可领的。只有部分高级官员和特殊人员才能领取部分退休金,全俸更少见。这种情况持续到清朝灭亡。

如果退休前没有"腐败",退休后吃饭都成问题,因此古代"六十九岁现象"很常见。

汉朝的高级官员退休后只能领到原俸禄三分之一的退休金。《汉书·平帝纪》记载,汉平帝刘衎即位后,于元始元年(公元1年)规定:"天下吏比二千石以上年老致仕者,三分故禄,以一与之,终其身。"

自此,西汉退休金有了固定标准。

当时的"比二千石以上"官员相当于今天的省部级领导,他们退休后才只能领到在职时三分之一的退休金,而相当于厅、局、市、县领导的官员,退休后则一分钱也没有。在这种情况下,谁想退休?更别说提前退休了!

完善的退休制度在唐朝形成,退休待遇也得到提高,但也有级别规定。五品以上官员(相当于今副厅级)退休后能领到原来工资的一半,五品以下官员是否拿退休金则不可知。

有"诗圣"之称的唐朝大诗人杜甫,从工部员外郎任上退下后便没有退休金。起初靠严武等一班朋友照顾,他在成都还盖了"草堂"。严武死后,杜甫的生活便艰难了。他举家迁到夔州,在都督柏茂琳的帮助下找了一份工作,当了东屯公田(相当于今国有农场)的督耕,这才解决了一家的生计问题。

古代的退休制度主要是对当官者而言的,普通公务员便没有这么多讲究了,直接卷铺盖走人,谈不上退休,更没有现代养老金制度全覆盖一说。

宿雨初过晓日晴，鸟堤有力足春畦田。家童苦那知倦，更听枝头布谷声。耕

古人的农耕生活场景（清·陈枚绘《耕织图册·耕》，台北故宫博物院藏）

古代"官民比"与鼓励退休政策

中国古代官民比例的分水岭,出现在唐、清两个朝代。

1987年,《中国第三次人口普查资料分析》中的信息显示,西汉是1∶7945,到唐朝突升至1∶2927;清朝则达到1∶911,大大高于明朝的1∶2299。

这与唐朝科举选仕制度的确立和清朝"摊丁入亩"税制的实施,有直接关系。

拿财政工资的人员一多,老百姓的负担便会加重,政府财政压力也会加大。为此,历代朝廷,特别是宋朝以后,都会采取措施鼓励致仕。

在西汉,有赠送"养牛上尊酒"的办法。

高级官员奏"乞骸骨"申请退休时,皇帝往往会特赐皇家圈养的肥牛一头和十石(约二百升)相当于今天茅台酒档次的好酒,以示慰抚。

汉平帝执政前后,退休时直接"赐金",多者达上百斤。除了赐"票子",有的还赏赐房子、车子(安车驷马)、医疗保险(医药)等。

这种退休赏赐为后来历代所仿效。

北宋真宗赵恒当皇帝时,工部侍郎朱昂退休时得到的赏赐是银器二百两、帛三百匹,另外还有一张类似今天免费乘车卡的"驿券"。

宋朝时,有一定级别的官员主动退休,子孙还可"顶替";不需顶替者,则退休金加一级。王安石变法后出台了新的"致仕条例",允许官员带职致仕,这有点儿现代"停薪留职"的味道。

即便是比较"小气"的明朝,也会不时给退休人员来点儿赏赐,送温暖。明朝还有一招,给退休人员发放"精神食粮":四品以下官员按时或主动退休可官升一级,即四品享受三品的政治待遇,五品享受四品的政治待遇,以此类推。此即所谓"升级致仕"。

大寒

本月节气

寒气之逆极

大寒是二十四节气中的最后一个节气，也是冬季的最后一个节气。

此时，地球绕太阳公转轨道至黄经300°，"斗指丑"，一般在每年的阳历1月19日至21日交节。

大寒岁终，冬去春来。大寒一过，又开始新的一年，即老话说的"小寒大寒，一年过完"。但西汉武帝以前以"冬至"为岁首，大寒是一年中的第三个节气，在当时并不怎么重要，只是对天时有重要意义。

南朝梁人崔灵恩在《三礼义宗》中称："大寒为中者，上形于小寒，故谓之大。自十一月一阳爻初起，至此始彻，阴气出地方尽，寒气并在上，寒气之逆极，故谓大寒也。"这对大寒的由来说得很清楚。

大寒三候：一候鸡乳，二候征鸟厉疾，三候水泽腹坚。"鸡乳"就是母鸡产蛋。到了大寒节气，母鸡就开始下蛋和孵化小鸡了。高空的鹰隼飞得很快，捕捉食物时迅猛异常。严寒封河，连水中央都结冰了。

因为是年尾腊月，又是农闲时候，到了大寒节气，人们都会开始"忙吃"，准备过新年。如果是雇主，还会"做牙"，请雇工吃饭，并在吃饭时决定来年是否继续雇用。

《二十四节气图》之大寒（清·张若霭绘《墨妙珠林（卯）》，台北故宫博物院藏）

第一位收出场费的古代人是谁

现代有名人收出场费的现象,古代名人也这么玩。有记载的第一位收出场费的古代名人是谁?应该是伯乐。

伯乐是春秋战国时郕国(今山东菏泽境内)人,后服务于秦国。伯乐是大家的习惯叫法,其原名叫孙阳,是相马名人,擅长辨识马的优劣,其事迹在《战国策》《淮南子》等古籍里均有记述。

有关伯乐收出场费、做商业促销一事,见于《战国策·燕策》里记载的"苏代为燕说齐"。苏代是当时著名的纵横家苏秦的弟弟,"伯乐相马"就是苏代为燕国到齐国游说时,给在齐威王面前说话很管用的淳于髡讲的一则故事。

现代教科版小学语文课本也收录了此故事:有一个卖骏马的人,接连三天守候在市场里都无人问津。卖马人很着急,于是去见伯乐,希望伯乐能去市场绕着他的马看一下,离开时再回头看马一眼,他愿意为此支付伯乐一天做买卖的费用。

伯乐一听有这好事,随口便答应下来。

他来到集市,依言绕着马转了几圈,离开时又回头看了马一眼。结果,"一旦而马价十倍"。马不只卖了,马价还暴涨十倍。

从苏代所述来看,那位卖马人颇有商业头脑,十分了解"名人效应"的作用,仅仅花费"一朝之贾"便请到了当时的相马专家伯乐,实现了卖掉马的商业目的。

这"一朝之贾"便是伯乐的"出场费",也开了古代中国名人参与商业行为、收取出场费的先河。

古代的"炒作"

网络时代,为达到个人目的而进行的"炒作"现象很常见。其实,古代也有类似现象,不胜枚举。

现代炒作多通过网上发帖、朋友圈转帖等方式进行,古代往往以谶语、谣言的形式出现。

明朝名臣、内阁首辅彭时正统年间参加科举考试时,坊间忽然传出一则民谣:"众人知不知,今年状元是彭时。"

没想到,发榜后,彭时果然高中状元。彭时称,连他自己都觉得不可思议。

联系当时的科举腐败现象,这应是彭时的自我炒作和包装。他将此"巧事"写进笔记里以证清白,恰恰暴露了其炒作真相。

当年,负责录取考生的主考官常接受考生贿赂,弄虚作假,导致一些成绩不太好的考生也能"考"出好名次。为了掩饰这里面的猫腻,避免人们起疑,他们便会通过谶语、童谣这类当年最有效的手法散布信息,扩大考生的社会影响力。

明朝万历年间也曾出现过一起类似事件。当事人名叫徐海曙,字日升。万历年间,他参加山东乡试后,不久,济南市面上便传出一则中榜童谣:"三人两小,太阳离岛。"

发榜后,徐海曙取得解元名次,至此人们才恍然大悟:"三人两小"是"徐"字,"太阳离岛"不就是"日升"嘛!

这则谣言的出现也是有意炒作,以乱真相。

这样的案例让后来的清朝学子也学会了炒作这一套。

清人褚人获的《坚瓠集》里记述了一名叫翟海槎(字永龄)的考生的故事。当时翟海槎欲赴南京赶考,为了筹集盘缠,他批发来数十斛枣子卖。如何做既能将枣子卖掉,又能扩大自己的影响呢?他想到了"炒作"。

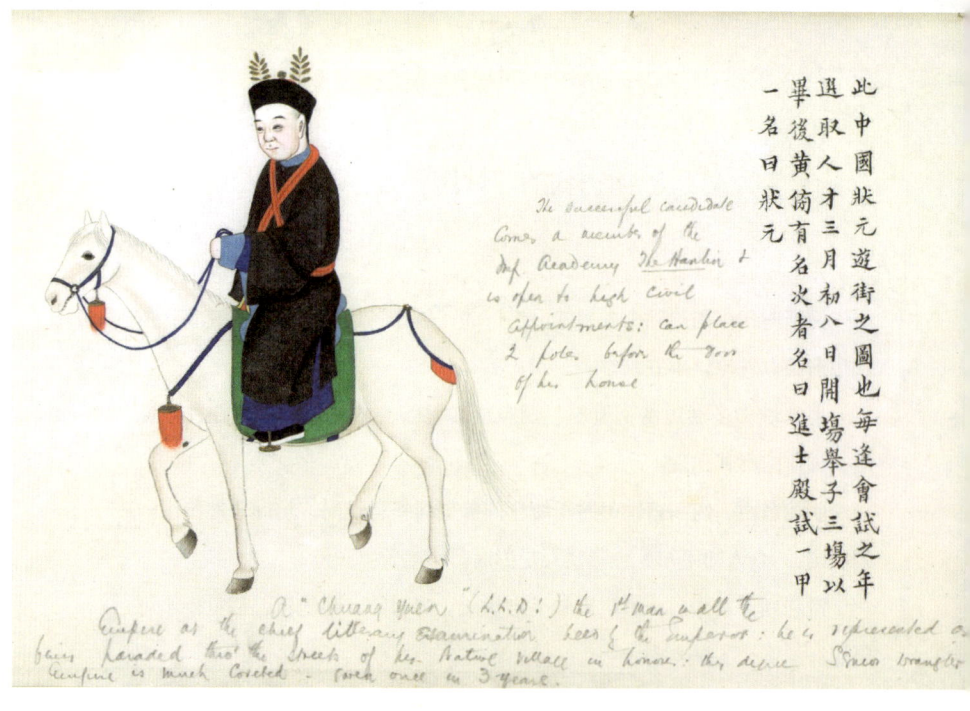

清朝科举状元披红戴花游街场景（19世纪中国外销画《各样人物图册》，大英图书馆藏）

　　翟海槎每次经过街市，都会喊来成群的孩子，给他们每人分一捧枣子。但送枣子是有条件的，孩子们要沿街唱童谣："不要轻，不要轻，今年解元翟永龄。"

　　听到这童谣的势利者还真相信了，纷纷来翟海槎的居所拜访未来的解元，甚至为了拉近关系买翟海槎的枣子。翟海槎靠卖枣子大赚了一把，炒作挺成功的。

古代的"女星代言"与"促销小姐"

现代商品打广告喜欢找漂亮的女明星代言,古代亦然。

古代女性喜欢用的一种叫"玉搔头"的首饰能得以流行,便与汉朝一位知名女性有关。

汉武帝刘彻的宠妃李夫人很漂亮,喜欢用玉簪修饰发型。有一次刘彻去看望李夫人,走近李夫人时,竟取下李夫人的玉簪挠头。此事传出后,宫妃纷纷用玉料来打制簪子,希望获得皇上的宠幸。"玉搔头"由此在汉朝流行起来,玉料的价格因此成倍上涨。

此故事见于《西京杂记》记载的"搔头用玉"。

李夫人的"代言"行为,严格说起来并不具备商业广告性质。在西汉,知名女子参与商业活动并不新鲜。

汉朝餐饮业已很繁荣,街头酒店受到了消费者的普遍欢迎。这时的酒店经营者颇有创意,在店前垒起高台,即所谓的"垆",然后把大酒坛子放在上面,并让一名漂亮的女子站在旁边,以吸引眼球。

这样的女子,放在现代就叫"促销小姐"。

当时最有名的"促销小姐"叫卓文君。她是大富商卓王孙之女,是有名的才女。

《史记·司马相如列传》记载,卓文君17岁时与才子司马相如因情私奔,在四川临邛盘下一家酒舍,开了一家小酒馆。司马相如负责洗盘子,卓文君则站在店前的酒坛旁边揽生意。"文君当垆,相如涤器"的典故即由此而来。

"文君当垆"虽然是不得已而为之,却是古代女子参与商业活动的经典案例。

古代商业街,每个店家都打出字号做宣传(清·佚名绘《苏州市景商业图册》,局部,法国国家图书馆藏)

古代写"商业软文"的高手

唐宋时期,在商业活动中,利用名人效应的现象更为突出。这一时期,请名人为商品作赋吟诗成为一种流行,酒、茶、食物等都曾通过名人效应得以推广。

当时不少名人留下来的诗作,在今天看来都属于广告中的"商业软文"。著名诗人李白的《客中行》就是专为兰陵(今山东临沂境内)出产的一种酒而写的——

> 兰陵美酒郁金香,玉碗盛来琥珀光。
> 但使主人能醉客,不知何处是他乡。

兰陵酒本来就有点儿名气,经李白这么一写,名气更大了。而李白当年的"稿费"也许仅是酒家请他免费喝的一顿酒。

北宋文学家苏东坡大概是古代名人中做"软广告"最有影响的一位,也是一位高手。从茶叶到馓子,再到猪肉,他都曾作"软文"推广。

当年海南儋县一位老妇人制作的环饼(一种油炸食品,时称"寒具",俗称"馓子")非常好吃,生意却非常不好。苏东坡被贬谪于此后,给老妇人做的环饼写了一首诗——

> 纤手搓来玉色匀,碧油煎出嫩黄深。
> 夜来春睡知轻重,压匾佳人缠臂金。

经苏东坡这么一写,老妇人铺子的生意一下子好了起来。可以说,《戏咏馓子赠邻妪》一诗是中国古代真正意义上的"商品广告诗"。

在苏东坡所推广的食品中,影响最大的还是猪肉。

当年苏东坡因为"乌台诗案"被贬湖北黄州,生活相当清苦。当时当地人不太喜欢吃猪肉,肉价很便宜。苏东坡却视之为美食,不仅带头吃猪肉,还写下了著名的《猪肉颂》,大力推广吃猪肉的好处和做法,使猪肉成为受大众欢迎的肉类。

> 净洗铛,少著水,柴头罨烟焰不起。
> 待他自熟莫催他,火候足时他自美。
> 黄州好猪肉,价贱如泥土。
> 贵者不肯吃,贫者不解煮。
> 早晨起来打两碗,饱得自家君莫管。

据说著名的"东坡肉"就是苏东坡在黄州期间开发出来的。

杜甫是怎么成为"有房族"的

杜甫是盛唐时期诗人,其名言是"安得广厦千万间,大庇天下寒士俱欢颜"。这句诗是杜甫忧国忧民的标签,为他赢得了一顶现实主义的"诗圣"桂冠。

不过,当初杜甫穷得连住的地方都没有,后来是怎么盖了"茅屋",成为"有房族"的?

杜甫曾在京城长安待过十年。与今天许多"北漂族"一样,杜甫也想在京城有所作为,也想当大官、发大财,所以他选择了当"西漂族",到长安打拼。

但杜甫的运气实在不好,只做过小官。《旧唐书·杜甫传》记载,因为有才、敢说,杜甫曾在朝廷的"中央部委"工作过,任左拾遗。后人因此称他为"杜拾遗"。

"拾遗"是干什么的?说白了,就是给皇帝和朝政提意见、挑毛病的闲差,很多情况下就是个摆设。杜甫却真把它当回事儿了,真以为自己是个官,直言进谏,结果惹怒了唐肃宗李亨,被贬华州(今陕西华县)。

唐肃宗乾元二年(公元759年)年底,杜甫来到了成都,做节度使参谋。他没有房子,只好住在西郊外的浣花溪寺里。

可这样下去不是事儿,杜甫便打起了建私宅的主意。

唐朝尚没有房产开发的概念，地皮不值钱，所以次年春杜甫便在城西七里处风景不错的浣花溪畔轻松地找到了一块荒地，开始建房子。

杜甫先开辟了一亩[1]大的地方，在一株大树下建了一间茅屋。这就是后来成都草堂的雏形。

找地皮建房，不论在古代还是现代，没有一定的社会关系，想都不要想。

杜甫想盖房的消息甫一传出，在朝中做官的高适、严武等朋友便伸出了援助之手。杜甫的表弟王十五来看望他时，还送来了盖房资金，"忧我营茅栋，携钱过野桥"。

盖房子的同时，杜甫又向各处朋友求供果木树苗，清单如下：

向萧实要一百根桃树苗，见"奉乞桃栽一百根，春前为送浣花村"（《萧八明府实处觅桃栽》）。

向曾做过绵竹县令的韦续索取绵竹县的绵竹，见"华轩蔼蔼他年到，绵竹亭亭出县高。江上舍前无此物，幸分苍翠拂波涛"（《从韦二明府续处觅绵竹》）。

向何邕要蜀中的桤树苗，见"草堂堑西无树林，非子谁复见幽心。饱闻桤木三年大，与致溪边十亩阴"（《凭何十一少府邕觅桤木栽》）。

向果园坊园主徐卿索求花苗，见"草堂少花今欲栽，不问绿李与黄梅"（《诣徐卿觅果栽》）。

向韦班要松树苗，见"落落出群非榉柳，青青不朽岂杨梅。欲存老盖千年意，为觅霜根数寸栽"（《凭韦少府班觅松树子》）。

就这样，没钱的杜甫摇身一变成了"有房族"，解决了房子问题。

值得注意的是，杜甫的茅屋当初并不破，放在今天是别墅呢。

---

[1] 唐朝的一亩约合540平方米。

古代城外农家草舍（清·谢遂、杨大章仿宋院本《金陵图》，局部，台北故宫博物院藏）

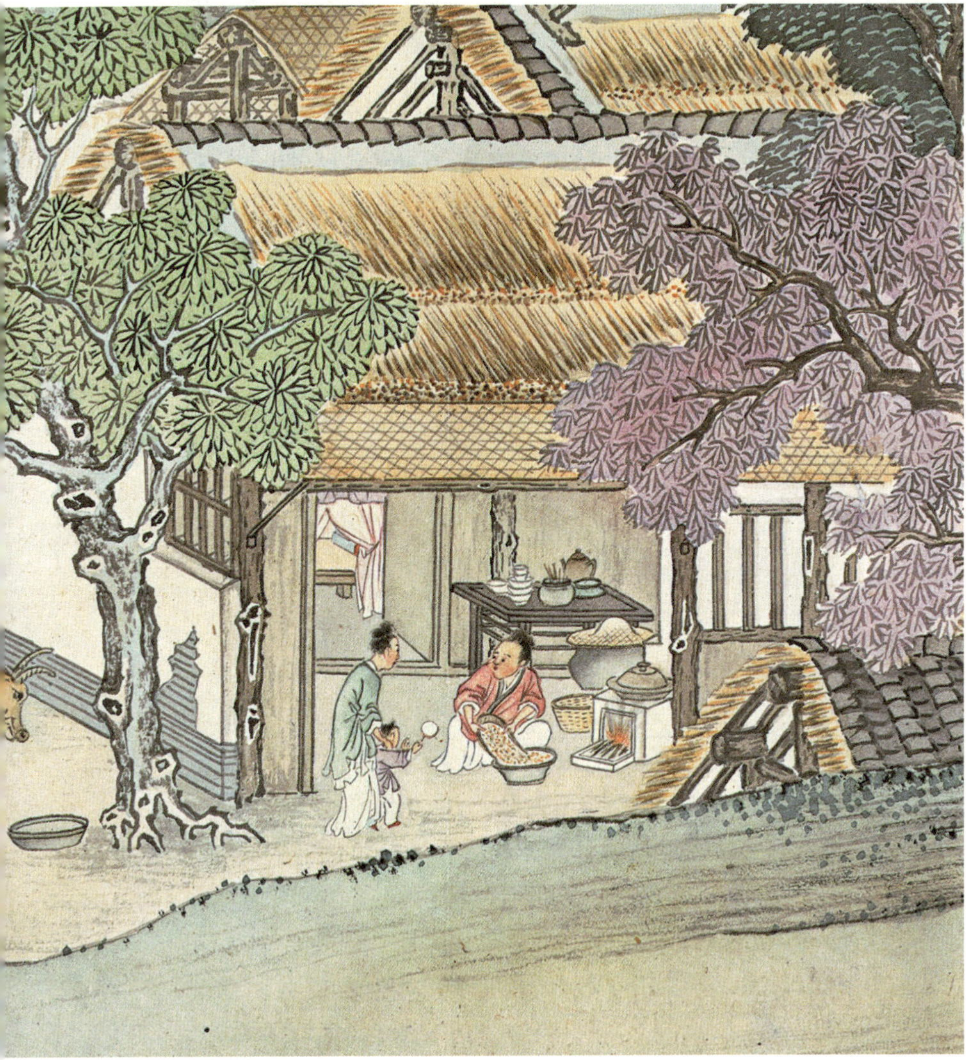

古今名人文集詩

后记

在我的写作生活中，还没有哪一本书这么折磨人的。

2017年至2019年，我将自己的很多时间放在了"一带一路"活动上。2018年和2019年，我又主持了中国对外友好协会下面一基金会主办的一项跨国文化交流活动。

决定出版这本书，最早是在2018年秋，准备在2019年上半年上市。结果因为配图问题而耽搁，当时我人在中亚、欧洲做活动，根本没时间处理书稿编辑方面的事情。我回国后，原来负责该书的编辑又调整了岗位，换了新编辑，如此又得根据新编辑的意思对书稿进行调整。

在调整书稿的过程中，我做了一次体检，发现了很多问题。医生建议我不要再熬夜，不能老坐着，要注意健康，要运动，否则会很麻烦。被医生一吓，我也紧张了，写作不再是我的首选。我把主要精力和时间放到了健身上，健身房成了我每天必去的地方。

待我重新回到写作状态时，没想到会遇到大家都知道、都经历过的"戴口罩"时期。

本想着很快就会摘掉口罩，可一戴就是三年。这期间出版圈也受到了较大影响，本书的编辑又先后换了两位。每换一次编辑，我就得重新调整一次书稿，个中滋味真不是一般人能体会到的。

到2023年6月，新的编辑庆书好与我联系，书稿才又提上出版日程。

此时距第一稿已过去四年，编辑说要对书稿进行微调。这是当然的，我同意。但接到调整方案后我发现，全书篇幅和结构变化很大，说是调整，其实是重写。想到编辑与我联系那天是6月6日，而"6"是我的幸运数字，应该会有好运，我不再犹豫，决定重写。四十天后，全新的书稿出来了，就是现在这本书。

写了这么一通，其实我就想说一句话：好事多磨。
感动于辛海峰和陈江两位老总没有放弃！
感谢为这本书的出版付出过努力的几位编辑！

倪方六

2024年10月24日凌晨

图书在版编目（CIP）数据

古代中国人的日常生活 / 倪方六著. -- 贵阳 : 贵州人民出版社，2024.10（2025.5重印）. -- ISBN 978-7-221-18562-4

Ⅰ. D691.9

中国国家版本馆CIP数据核字第2024LG1575号

GUDAI ZHONGGUOREN DE RICHANGSHENGHUO
古代中国人的日常生活
倪方六 著

出 版 人	朱文迅
策划编辑	陈继光
责任编辑	赵帅红
装帧设计	熊 琼
责任印制	赵 明　赵 聪

出版发行	贵州出版集团　贵州人民出版社
地　　址	贵阳市观山湖区会展东路SOHO办公区A座
印　　刷	天津联城印刷有限公司
版　　次	2024年10月第1版
印　　次	2025年5月第2次印刷
开　　本	880毫米×1230毫米　1/32
印　　张	9
字　　数	266千字
书　　号	ISBN 978-7-221-18562-4
定　　价	69.80元

如发现图书印装质量问题，请与印刷厂联系调换；版权所有，翻版必究；未经许可，不得转载。